Lehmann/Edel

Backen mit Trenn-Kost

Backen mit Trenn-Kost

Original nach Dr. Hay

Von Peter Lehmann und Carolin Edel

Mit 38 Abbildungen

Karl F. Haug Verlag · Heidelberg

Die Deutsche Bibliothek — CIP-Einheitsaufnahme

Lehmann, Peter:

Backen mit Trenn-Kost: Original nach Dr. Hay/von Peter Lehmann und Carolin Edel. —
Heidelberg: Haug 1995
   (Ernährung und Diätetik)
   ISBN 3-7760-1523-3
NE: Edel, Carolin:

Titel-Nr. 2523 · ISBN 3-7760-1523-3

Satzkonvertierung: Filmsatz Unger & Sommer GmbH, 69469 Weinheim

Druck: Progressdruck, 67346 Speyer

Inhalt

Vorwort 9

Einleitung:
Säure-Basen-Gleichgewicht
und Gesundheit 11

Biskuitteig
– überwiegend Eiweiß –

Haselnußtorte 15
Haselnuß-Zweifruchttorte 16
Kaffeecremetorte 17
Mascarpone-Rolle 18
Nußbiskuitrolle 19
Nußbiskuit mit Sauerkirschen ... 20
Schwarzwälder Kirschtorte 21

Blätterteig
– überwiegend Kohlenhydrate –

Homberger Heidelbeertorte 25
Sahneblätterteig für salzige
Füllungen 26

Brandteig
– überwiegend Kohlenhydrate –

Brandteig mit Käse 29
Brandteig, süß 30

Brotteig
– überwiegend Kohlenhydrate –

Baguette 33

Fladenbrot 34
Gewürzbrot 35
Gluten- und lactosefreies Brot ... 36
Haferflockenbrot 37
Hutzenbrot 37
Ringbrot 38
Sechskornbrot 39
Süßes Bananen-Nußbrot 40
Vollkornbrot 41
Weizenkeimbrot 42
Weizenvollkornbrot 42

Brötchenteig
– überwiegend Kohlenhydrate –

Buttermilchbrötchen 45
Haferflockenbrötchen 46
Hüttenbrötchen 47
Knoblauch-Brötchen 48
Mohnbrötchen 49
Roggenbrötchen 50
Salzbrezeln 51
Vollkornbrötchen 52

Hefeteig
– überwiegend Kohlenhydrate –

Bananen-Quarkkuchen 55
Feine Brioches 56
Schnelle Brioches 57
Straßburger Flammkuchen 58
Piroggen mit Zwiebelfüllung 59
Fränkischer Speckkuchen 60

Würziger Stollen 61
Englische Teekekse 62

Kartoffelteig
– überwiegend Kohlenhydrate –

Dörrfleisch-Kartoffeltorte 65
Haselnuß-Kartoffelkuchen 66
Heidelbeer-Kartoffelhörnchen ... 66
Mandel-Kartoffelkuchen 67
Salami-Kartoffelkuchen 68

Mürbeteig/Kleingebäck
– überwiegend Kohlenhydrate –

Anisspritzgebäck 71
Schwäbische Ausstecherle 71
Buchweizenbrezeln 72
Butterplätzchen 72
Butterspekulatius 73
Dreispitzhütchen 74
Fingerkolatschen 75
Fingerplätzchen 76
Gesundheitsplätzchen 77
Gewürzkipferl 78
Gewürzplätzchen 79
Haferflocken-Zimtsterne 80
Feine Honiglebkuchen 81
Honigplätzchen 82
Lebkuchensterne 82
Mandelherzen 83
Mandellebkuchen 84
Mandelschnitten 85
Mandelstreifen 86
Nußecken 87
Nußsterne 88
Falsche Pfeffernüsse 88

Feines Spritzgebäck 89
Vanillekipferl 90

– überwiegend Eiweiß –

Kokos-Mandelmakronen 90
Kokos-Marzipanmakronen 91
Mandel-Zimtsterne 92

Mürbeteig
– überwiegend Kohlenhydrate –

Bienenstich 95
Broccoli-Torte 96
Heidelbeer-Sahnetorte 97
Kürbiskuchen 98
Lauchtorte 99
Mürber Mandelkuchen 100
Nußtorte mit Kokosflocken 101
Grüne Quiche 102
Quiche Lorraine 103
Schafskäsetaschen 104
Spinattorte 105

– überwiegend Eiweiß –

Buchweizennußboden 106
Käsetorte 107
Linzer Nußtorte 108
Mascarpone-Zimttorte 109

Quarkteig
– überwiegend Kohlenhydrate –

Würziger Gemüsekuchen 113
Heidelbeerkuchen 114
Heidelbeer-Streuselkuchen 115
Pizza 116

6

– überwiegend Eiweiß –

Nußtortenboden mit Obstbelag.. 117

Rührteig
– überwiegend Kohlenhydrate –

Bananenkuchen 121
Blitzmandelkuchen............ 121
Carobkuchen 122
Cognac-Kuchen 123
Gewürzkuchen 124
Haselnuß-Bananenkuchen 124
Königskuchen............... 125
Liebeskuchen 126
Mandel-Bananenkuchen 127
Mandelkuchen 128
Nußtorte 128
Spanischer Vanillekuchen 129
Zucchinikuchen 129

– überwiegend Eiweiß –

Apfelkuchen 130
Donauwellen................ 131
Melonentorte 132
Möhrentorte 133
Schnelle Pfirsichtorte.......... 134

Sonstige Teige
– überwiegend Kohlenhydrate –

Brottorte 137
Krokantkonfekt (ohne Backen).. 137
Sauerrahmwaffeln 138
Strudel mit Nußfüllung 139

Backlexikon 143

Rezeptregister............. 159

Vorwort

Die Haysche Trennkost ist eine zeitgemäße Ernährungsform, die sich immer größerer Beliebtheit erfreut.
Das Hauptprinzip liegt in der Trennung von überwiegend kohlenhydrathaltigen und überwiegend eiweißhaltigen Lebensmitteln innerhalb einer Mahlzeit und dem Gleichgewicht des Säure-Basenhaushaltes. Dadurch können die Nahrungsbestandteile besser verdaut und aufgenommen werden. Jeder, der sich nach den Grundsätzen der Hayschen Trennkost ernährt, wird diesen positiven Effekt verspüren können.

Basierend auf diesen Erkenntnissen von Dr. Howard Hay, der sein chronisches Nierenleiden mit dieser Kostform zu heilen vermochte, wurde sie später von Dr. Ludwig Walb weiterentwickelt und in seiner Klinik in Homberg/Ohm als Therapieform angeboten.
Damals noch eine „Krankenernährung" gegen chronische Leiden wie Herz-Kreislauf-Erkrankungen, Diabetes, etc., ist die Haysche Trennkost im Laufe der Zeit mehr und mehr „salonfähig" geworden – insbesondere dann, wenn es um Gesundheit, Gewicht und Wohlbefinden geht.

Haysche Trennkost – gegen Übergewicht und Krankheit, für mehr Gesundheit und Wohlbefinden. Wir wollen noch mehr! Haysche Trennkost ist für Jedermann/Jederfrau geeignet, die sich dauerhaft gesund ernähren möchten, egal aus welchen Gründen.

Wir haben für Sie ein Backbuch entwickelt, das Ihnen wohlschmeckende und vielseitige Backrezepte bietet – erweitern Sie Ihre Backkünste mit unseren Rezepten. Wir wünschen Ihnen viel Erfolg und gutes Gelingen beim Erproben.

An dieser Stelle möchten wir uns bei Herrn Reimund Dittmeier für die fotografische Gestaltung des Buches bedanken. Darüber hinaus gilt unser besonderer Dank auch Frau Claudia Wagner für das Sichten und die Hilfe bei der Bearbeitung der Rezepte sowie Frau Ruth Knögel für die Bereicherung unseres Buches durch eigene Rezepte.

Peter Lehmann und Carolin Edel

Einleitung:
Säure-Basen-Gleichgewicht und Gesundheit

Die moderne Medizin ist sehr erfolgreich in der Bekämpfung der akuten Krankheiten. Die funktionellen und chronischen Erkrankungen sind jedoch häufig schulmedizinisch nur mit unzureichendem Erfolg zu behandeln. Schon vor knapp 100 Jahren waren viele Menschen in Amerika durch die moderne Zivilisation und Lebensweise krank. Der amerikanische Arzt Dr. Hay fand als ein Grundübel, welches anfällig macht oder zu vielen Krankheiten führt, die Übersäuerung des Organismus.

Wie kommt es dazu?
Säuren und Basen werden dem Körper von außen über die Nahrung zugeführt oder entstehen im Rahmen des Stoffwechsels im Organismus selbst. Für die optimale Funktion bedarf es eines harmonischen Gleichgewichts, wofür der Körper sogenannte Puffersysteme hat. Laut Hay führen vier Ursachen zur krankmachenden Übersäuerung.

1. Der Verzehr überwiegend säurebildender Lebensmittel, wie Fleisch, Wurst, Fisch, Eier, Weißmehlprodukte, Süßwaren, Alkohol, Kaffee.
2. Der Verzehr nicht naturbelassener Nahrungsmittel, die industriell aufbereitet sind, wie raffinierter weißer Zucker, weißes Auszugsmehl.
3. Die Verstopfung kann ebenfalls zu einer Übersäuerung führen. Im Rahmen der Verstopfung können durch Fäulnis und Gärung im Darm Giftstoffe, Fuselalkohole und Säuren sowie krebserregende Substanzen entstehen.
4. Die falsche Kombination von Lebensmitteln kann eine mögliche Ursache für Übersäuerung sein. Diese falsche Kombination belastet die Verdauungsorgane nachweislich und verzögert die Verdauung, was experimentell nachgewiesen wurde.

Auch seelische Einflüsse („ich bin darüber sauer") können den Stoffwechsel in diesem Sinne negativ beeinflussen. Erhitzte Nahrung ist saurer als Frisch- bzw. Rohkost.
Proteinreiche (eiweißreiche) und kohlenhydratreiche Lebensmittel wirken säurebildend. Dazu gehören insbesondere tierische Lebensmittel. Hingegen haben pflanzliche Lebensmittel wie Obst, Gemüse und Salat eher basenbildenden Charakter. Die basenbildende Wirkung der vegetarischen Kost wird auf den hohen Gehalt an den Mineralstoffen Calcium, Kalium, Magnesium und Natrium zurückgeführt.
Anhaltspunkte über den Säure-Basen-Haushalt des Körpers geben Blut-pH-Wert und Urin-pH-Wert.

Ausführliches darüber finden Sie in den Büchern von Heintze „Alles über die Haysche Trennkost" und Walb/Heintze „Original Haysche Trennkost".

Viele Zivilisationskrankheiten wie Herzinfarkt, Schaganfall, Krebs, Kopfschmerzen, Osteoporose und Verschleißerscheinungen an Wirbelsäule und Gelenken, aber auch psychische Veränderungen („Ich bin sauer") sind möglicherweise auf eine Übersäuerung des Organismus zurückzuführen.

Wie kann ich gegen die krankmachende Übersäuerung vorgehen?

Durch die gesunde Ernährung mit einem Überschuß an Basenbildnern wie Obst, Salat und Gemüse kann der Körper entsäuert werden. Auch die direkte Zufuhr von Basen wie z. B. Natriumbicarbonat ist hilfreich. Durch Sport und angemessene körperliche Aktivität kann man Säureüberschüsse abbauen.

Die Haysche Trennkost ist eine naturbelassene, vollwertige Ernährung, die arm an Säurebildnern und reich an Basenbildnern ist. Dadurch lassen sich zahlreiche Erkrankungen und Befindlichkeitsstörungen positiv beeinflussen. Wenn jemand täglich mit seiner Nahrung etwa $3/4$ Basenbildner und nur $1/4$ Säurebildner zu sich nimmt, wird sich das auf Dauer positiv auf zahlreiche Funktionen des Organismus auswirken.

Erprobte und konkrete Tips zur gesunden Ernährung finden sie in diesem Trennkostbackbuch.

Biskuitteig

Haselnußtorte

Rezept für eine Springform 26 cm ⌀

überwiegend Eiweiß

Zutaten für den Biskuitteig:
6–7 Eier, getrennt
100 g Honig (flüssig)
1 Prise Meersalz
300 g Haselnüsse, geschält und gemahlen
1 Msp. Vanillepulver
3–4 Eßlöffel Rum

Zum Bestreichen:
helle Konfitüre

Zum Verzieren:
50 g Mandelblättchen

Zubereitungszeit: ca. 40 Minuten
Backzeit: ca. 50 Minuten

Zubereitung des Biskuitteiges:
Eiweiße steif schlagen. Die Eigelbe mit dem flüssigen Honig und dem Salz schaumig rühren, dann die Haselnüsse, das Vanillepulver und den Eischnee zufügen und vorsichtig unterheben. In die vorbereitete Form füllen. Im vorgeheizten Backofen bei 160° C ca. 50 Minuten backen. Nach dem Erkalten mit einem Backstäbchen Löcher einstechen und mit 3–4 Eßl. Rum tränken. Mit der Konfitüre dünn bestreichen. Mandelblättchen in einer Pfanne ohne Fett rösten, abkühlen lassen und die Torte damit verzieren.

Die Torte bekommt einen appetitlichen Glanz, wenn Sie diese mit erhitzter und durch ein Sieb gestrichener Aprikosenkonfitüre bestreichen.

Biskuitteig

Haselnuß-Zweifruchttorte

Rezept für eine Springform 26 cm ⌀

überwiegend Eiweiß

Zutaten für den Biskuitteig:
6–7 Eier, getrennt
100 g Honig (flüssig)
1 Prise Meersalz
300 g Haselnüsse, geschält und
gemahlen
1 Msp. Vanillepulver

Zutaten für die Füllung:
800 g Äpfel
50 g Honig
600 g Zwetschgen
2 cl Zwetschgenwasser
500 g Schlagsahne
50 g Mandelblättchen
1 Teel. Pistazien
¼ l Wasser

Zubereitungszeit: ca. 2 Stunden
Backzeit: 3 × 40 Minuten

Zubereitung des Biskuitteiges:
Eiweiße steif schlagen. Die Eigelbe mit
dem flüssigen Honig und dem Salz
schaumig rühren, dann die Haselnüsse,
das Vanillepulver und den Eischnee zufügen und vorsichtig unterheben. Aus
diesem Teig drei Böden zubereiten,
dafür jeweils ⅓ Teig in die vorbereitete
Form geben. Im vorgeheizten Backofen
auf mittlerer Schiene bei 160° C ca.
40 Minuten backen und abkühlen
lassen.

Zubereitung der Füllung:
Äpfel schälen, entkernen und zu Spalten
schneiden. ¼ l Wasser mit Honig aufkochen und die Apfelspalten 4 Minuten
darin dünsten, herausnehmen, gut ab-

tropfen lassen. Mandelblättchen in
einer Pfanne ohne Fett rösten, abkühlen lassen. Zwetschgen waschen, halbieren, entsteinen, etwas einschneiden.
Im Honigwasser etwa 5 Minuten dünsten und abtropfen lassen. Sahne steif
schlagen, den ersten Boden mit
Zwetschgen belegen und ⅓ Sahne darüber streichen. Zwetschgenwasser mit
2 Eßl. Honigwasser verrühren, den
zweiten Boden damit bestreichen und
auf den ersten Boden legen, Apfelspalten darauf verteilen, wieder ⅓ Sahne
darüber streichen, den letzten Boden
darauf setzen und dünn mit Sahne bestreichen. Die übrigen Apfelspalten
kreisförmig in die Mitte setzen und mit
den restlichen Zwetschgenhälften um-
legen. Den Tortenrand mit restlicher
Sahne einstreichen, Mandelblättchen
andrücken. In die Tortenmitte einen
Sahnetupfer setzen und mit Pistazien
bestreuen.

Nach Dr. Walb können bei überwiegend eiweißhaltigen Rezepten saure
Früchte mit Honig gesüßt werden.

Haselnüsse auf einem Backblech bei
200° C einige Minuten rösten, bis
die Haut platzt. Die Schale ist nun
leicht abzustreifen. So können die
Nüsse weiter verarbeitet werden.

Kaffeecremetorte

überwiegend Eiweiß

Rezept für eine Springform 26 cm ∅

Zutaten für den Biskuitteig:
7 Eier, getrennt
100 g Honig (flüssig)
1 Prise Meersalz
400 g Haselnüsse, geschält und gemahlen

Zutaten für die Füllung:
¹/₂ l Sahne-Wasser
75 g Honig (flüssig)
1 Prise Meersalz
5 Eßl. Instantkaffee z. B. Caro
4 Eigelbe
3–4 Teel. Agar-Agar
³/₈ l Sahne

Zutaten für die Garnierung:
12 Carob-Bohnen
12 Haselnüsse

Zubereitungszeit: ca. 60 Minuten
(ohne Wartezeit)
Backzeit: 3 × 40 Minuten

Zubereitung des Biskuitteiges:
Eiweiße steif schlagen. Die Eigelbe mit dem flüssigen Honig und dem Salz schaumig rühren, dann die Haselnüsse und den Eischnee zufügen und vorsichtig unterheben. Aus diesem Teig drei Böden zubereiten, dafür jeweils ¹/₃ Teig in die vorbereitete Form geben. Im vorgeheizten Backofen auf mittlerer Schiene bei 160° C ca. 40 Minuten backen und abkühlen lassen.

Zubereitung der Füllung:
Sahne-Wasser in einen Topf geben, 4 Eßl. zurücklassen. Honig, Salz,

Agar-Agar und Instantkaffee zum Sahne-Wasser in den Topf geben, aufkochen lassen. Eigelbe mit restlichem Sahne-Wasser verquirlen, unter Rühren in die heiße Mischung geben und nicht mehr kochen lassen, häufig umrühren bis zum Erkalten.

Kurz bevor die Creme fest ist, ²/₃ der steif geschlagenen Sahne unterheben. Diese Creme zwischen die drei Böden, auf der Oberfläche und am Rand verstreichen. Die Torte in 12 gleiche Stücke einteilen und mit der restlichen Sahne, den Haselnußkernen und den Carob-Bohnen verzieren.

17

Mascarpone-Rolle

Rezept für ein Backblech

überwiegend Eiweiß

Zutaten für den Biskuitteig:
4 Eigelbe
30 g Marzipan-Rohmasse
(Rezept siehe unten)
1 Msp. Zimt
2 Prisen Meersalz
4 Eiweiße
80 g Honig
50 g Haselnüsse, gemahlen
40 g Butter
15 g Mandelblätter

Zutaten für die Füllung:
165 g Sahne
1 Prise Meersalz
90 ml Saft und abgeriebene Schale
einer unbehandelten Orange
knapp 2 Teel. Agar-Agar
100 g Mascarpone 70%
1 Eigelb

Zubereitungszeit: ca. 2 Stunden
(ohne Wartezeit)
Backzeit: ca. 12 Minuten

Zubereitung des Biskuitteiges:
Marzipanrohmasse mit 4 Eigelbe, Zimt
und 1 Prise Salz schaumig schlagen. Eiweiße mit 1 Prise Salz steif schlagen.
Eiweißmasse, flüssigen Honig, Haselnüsse und die flüssige, abgekühlte Butter unter die Marzipanmasse heben.
Fertige Biskuitmasse auf das vorbereitete Backblech 25 × 35 cm groß
streichen und mit Mandelblättchen bestreuen. Im vorgeheizten Backofen
bei 200° C auf mittlerer Schiene ca.
10–12 Minuten goldgelb backen.

Zubereitung der Füllung:
40 g Sahne, Salz und Agar-Agar aufkochen, vom Herd nehmen, das Eigelb, Orangensaft und die abgeriebene
Schale der Orange und Mascarpone
unterrühren. Die restliche Sahne steif
schlagen und unterziehen. Die ausge-
kühlte Biskuitplatte damit bestreichen,
von der Längsseite her aufrollen und
1 Stunde in den Kühlschrank legen.

Rezept Marzipanrohmasse:
500 g geschälte Mandeln und 25 g bit-
tere Mandeln im Mixer pürieren. 500 g
Puderzucker (aus Rohzucker hergestellt) oder 100 g festen Honig, 50 g
Rosenwasser (in Apotheken erhältlich)
so vermischen, daß eine feste Masse
entsteht.

Nußbiskuitrolle

überwiegend Eiweiß

Rezept für ein Backblech

Zutaten für den Biskuitteig:
5 Eier, getrennt
80 g Honig
3 Eßl. warmes Wasser
125 g Haselnüsse, gemahlen
50 g Sojamehl, entfettet
1 gestr. Teel. Weinstein-Backpulver

Zutaten für die Füllung:
¼ l Sahne
170 g Haselnüsse, gemahlen
1 Eßl. Rum
1 Msp. Vanillepulver
1 Eßl. Honig

Variationen:
— *Biskuitboden: für Obstkuchen*
— *Füllung: Statt Nüssen kann säuerliches, mit Honig gesüßtes Obst verwendet werden.*

Zubereitungszeit: ca. 60 Minuten
(ohne Wartezeit)
Backzeit: ca. 15 Minuten

Zubereitung des Biskuitteiges:
Eigelbe, Honig schaumig schlagen, Wasser langsam zugeben und weiter schlagen, bis die Masse cremig wird.

Die steif geschlagenen Eiweiße, das mit dem Backpulver vermischte Sojamehl und die Nüsse vorsichtig unter die Masse heben. Die fertige Masse auf ein vorbereitetes Backblech streichen. Im vorgeheizten Backofen bei 200° C ca. 12–15 Minuten goldgelb backen, auf ein Tuch stürzen und mit dem Tuch aufrollen und auskühlen lassen.

Zubereitung der Füllung:
Sahne steif schlagen, Vanillepulver und Nüsse unterziehen, mit Rum und Honig abschmecken. Die Biskuitrolle auseinanderklappen, mit der Sahnemasse bestreichen, aufrollen und eine Stunde in den Kühlschrank stellen.

Sojamehl wird im Reformhaus oder Naturkostladen in den Typen vollfett und entfettet angeboten. Sojamehl enthält Lecithin und bindet das Gebäck.

Nußbiskuit mit Sauerkirschen

überwiegend Eiweiß

Rezept für eine Springform 26 cm ∅

Zutaten für den Biskuitteig:

6 Eier, getrennt
80 g Honig
150 g Nüsse, gemahlen
1 Msp. Vanillepulver
20 g Carobstreusel
1 Prise Meersalz
500 g frische Sauerkirschen
80 g Honig

Variationen:

Statt Sauerkirschen kann anderes säuerliches Obst genommen werden — wie Johannisbeeren, Stachelbeeren, Äpfel —, das mit Honig gesüßt wird.

Zubereitung des Biskuitteiges:

Eigelbe, Honig, Vanillepulver und Carobstreusel schaumig schlagen. Eiweiße mit 1 Prise Salz steif schlagen und im Wechsel mit den Nüssen unter die Eigelbmasse heben. In die vorbereitete Springform füllen, die entsteinten, mit Honig gesüßten Sauerkirschen darauf verteilen und eindrücken. Im vorgeheizten Backofen bei 180° C ca. 25 Minuten goldgelb backen.

Zubereitungszeit: ca. 45 Minuten
Backzeit: ca. 25 Minuten

Schwarzwälder Kirschtorte

überwiegend Eiweiß

Rezept für eine Springform 26 cm ∅

Zutaten für den Mürbeteig:
80 g Butter
30 g Honig
160 g Nüsse, gemahlen
1 Eigelb
1 Prise Meersalz
1 Msp. Zimt

Zutaten für den Biskuit:
4 Eigelbe
2 Eßl. heißes Wasser
80 g Honig
1 Msp. Vanillepulver
30 g Carobpulver
20 g Carobstreusel
Schale einer unbehandelten Zitrone
4 Eiweiße
80 g Haselnüsse, gemahlen
20 g Sojamehl, entfettet
1 Teel. Weinstein-Backpulver

Zutaten für die Füllung:
450 g Sauerkirschen aus dem Glas
1-2 Teel. Agar-Agar
50 g Carobraspel
8 Eßl. Kirschwasser
³/₄ l süße Sahne
1 Teel. Vanillepulver
30 g Honig (flüssig)

Zubereitungszeit: ca. 60 Minuten
Backzeit: ca. 55 Minuten

Zubereitung des Mürbeteiges:
Butter, Eigelb, Honig schaumig rühren.
Nüsse, Salz, Zimt hinzugeben und ver-
kneten, bis ein glatter Teig entsteht. Im
Kühlschrank 30 Minuten ruhen lassen.

Danach ausrollen, in die vorbereitete
Form geben und im vorgeheizten Backofen bei 200° C 15 Minuten backen.

Zubereitung des Biskuits:
Wasser, Eigelbe, Honig, Vanillepulver
schaumig schlagen. Eiweiße steif schlagen und auf die Eigelbmasse geben.
Carob, Backpulver, Sojamehl und die
geriebene Zitronenschale über die Ei-
masse sieben, Haselnüsse dazugeben
und locker unterheben. Biskuitmasse
in die vorbereitete Form geben, glattstreichen und im vorgeheizten Backofen bei 175° C ca. 35-40 Minuten
backen, aus der Form nehmen, abkühlen lassen und halbieren.

Zubereitung der Füllung:
Von den Kirschen 16 Stück zurück-
lassen, die restlichen Kirschen mit dem
Saft und Honig zum Kochen bringen,
Agar-Agar hinzufügen, mitkochen und
abkühlen lassen.
Den Mürbeteigboden mit etwas
Kirschwasser beträufeln, Kirschen dar-
auf verteilen, 1 cm Rand freilassen.
Sahne mit Vanillepulver steif schlagen.
Etwa 4 Eßl. Sahne auf die Kirschen
geben und glattstreichen.
Eine Hälfte des Biskuitbodens auf-
legen, ebenfalls mit Kirschwasser be-
träufeln und mit Sahne bestreichen.
Den zweiten Boden auflegen. Die Torte
rundum mit Sahne bestreichen. 16
gleichmäßige Stücke markieren und
mit der restlichen Sahne und den
Carobraspeln verzieren.

Blätterteig

Homberger Heidelbeertorte

überwiegend Kohlenhydrate

Rezept für ein Backblech

Zutaten für den einfachen Sahne-Blätterteig:
250 g Weizenvollkornmehl
1 Teel. Weinstein-Backpulver
1 Prise Meersalz
175 g Butter
5 Eßl. saure Sahne

Zutaten für die Füllung:
1/4 l Sahne-Wasser
100 g Honig
2 Eßl. Weizenvollkornmehl
3 Eigelbe
2 Teel. Kirschwasser
1/4 Teel. Vanillepulver
250 g Heidelbeeren

Zubereitungszeit: ca. 1 1/2 Stunden
Ruhezeit: ca. 1 Stunde
Backzeit: ca. 10 Minuten

Zubereitung des einfachen Sahne-Blätterteiges:
Mehl und Backpulver in eine Schüssel sieben, ein Mulde hineindrücken, Salz und saure Sahne hineingeben, Butterflöckchen auf den Mehlrand verteilen und mit den Händen einen glatten Teig kneten und zugedeckt ca. 1 Std. im Kühlschrank ruhen lassen. Danach den Teig ausrollen, ein Rechteck von 25 × 30 cm ausschneiden, auf das vorbereitete kalte Backblech legen. Vom restlichen Teig 2 Streifen 3 × 30 cm schneiden, die Längsseiten des Rechtecks mit Eigelb bestreichen, die Streifen darauflegen, den Boden (nicht die Streifen) mehrmals mit einer Gabel einstechen und im vorgeheizten Ofen bei 220° C 8–10 Minuten backen. Sobald der Boden aufgeht, nochmals mit der Gabel einstechen und weiterbacken. Danach vom Blech nehmen und auskühlen lassen.

Zubereitung der Füllung:
Sahne-Wasser in einem kleinen Topf erwärmen. In einen größeren Topf das Mehl sieben, mit Honig und Eigelben vermischen, und nach und nach das erwärmte Sahne-Wasser zufügen. Alles unter Rühren zum Kochen bringen, bis die Masse cremig ist. Vanille und Kirschwasser zugeben. Frischhaltefolie direkt auf die Creme legen, damit sich keine Haut bildet und kühl stellen. Auf den ausgekühlten Blätterteig die Creme geben, vorbereitete Heidelbeeren darauf verteilen, mit Schlagsahne servieren.

Sahneblätterteig für salzige Füllungen

überwiegend Kohlenhydrate

Rezept reicht für 12 Stück Kleingebäck

Zutaten für den Teig:
250 g Weizenvollkornmehl
¹/₂ Teel. Weinstein-Backpulver
1 Prise Meersalz
175 g Butter
5 Eßl. saure Sahne

Füllungsmöglichkeiten:
– *Bananenquark*
– *Gemüse/Kartoffel*

Zutaten für die pikante Quarkfüllung:
250 g Quark
2 Eigelbe
1 Teel. Paprika, edelsüß
1 Msp. Meersalz
1 Eßl. Gartenkräuter, gehackt
¹/₄ Teel. Kümmel, gemahlen

Zubereitung des Sahneblätterteiges:
Mehl, Backpulver in eine Schüssel sieben, eine Mulde hineindrücken, Salz und saure Sahne hineingeben, Butterflöckchen auf den Mehlrand verteilen und mit den Händen einen glatten Teig kneten und zugedeckt 1 Std. im Kühlschrank ruhen lassen.
Danach nochmals durchkneten, ausrollen und nach Belieben Kleingebäck herstellen, füllen und auf das vorbereitete Backblech setzen, im vorgeheizten Ofen bei ca. 200° C 8–10 Minuten backen.

Zubereitung Quarkfüllung:
Alle Zutaten gut verrühren und ca. ¹/₂ Eßl. Quarkmasse als Füllung auf den Teig setzen.

Zubereitungszeit: ca. 20 Minuten
Ruhezeit: ca. 1 Stunde
Backzeit: ca. 8–10 Minuten

Brandteig

Brandteig mit Käse

Rezept für ca. 40 Stück

überwiegend Kohlenhydrate

Zutaten für den Brandteig:
¼ l Wasser
125 g Butter
1 Prise Meersalz
125 g Weizenvollkornmehl
½ Teel. Weinstein-Backpulver
6 Eigelbe
100 g Käse, z. B. Emmentaler,
Appenzeller

Variationen zum Füllen:
Aufschneiden und füllen z. B.
– mit Frischkäse und Kräutern
– mit Gorgonzola
  jeweils mit Sahne cremig rühren

Zubereitungszeit: ca. 30 Minuten
Backzeit: ca. 30 Minuten

Zubereitung des Brandteiges:
Wasser und Butter in einem Topf zum Kochen bringen, das Salz und das Mehl darüber sieben und so lange rühren, bis sich ein glatter Kloß bildet. Teig in einer Rührschüssel abkühlen lassen. Eigelbe nach und nach unterrühren. Käse reiben, mit Backpulver zufügen.
Mit 2 Teelöffeln kleine Teigbällchen formen und auf das vorbereitete Backblech legen.
Im vorgeheizten Backofen bei 160° C ca. 30 Minuten backen.

Für überwiegend kohlenhydrathaltige Rezepte verwenden wir Käse mit über 50% Fett i. Tr.

Aus Brandteig können Sie mit dem Spritzbeutel auch andere Formen herstellen und füllen.

29

Brandteig, süß

überwiegend Kohlenhydrate

Rezept für ca. 40 Stück

Zutaten für den Teig:
¼ l Sahne-Wasser
100 g Butter
1 Prise Meersalz
150 g Weizenvollkornmehl
4 Eigelbe
je 1 Msp. Zimt und Vanillepulver
½ Teel. Weinstein-Backpulver

Variationen:
Aufschneiden und füllen z. B.
— mit Schlagsahne-Nußgemisch
— mit Schlagsahne und Heidelbeeren
— oder mit eingeweichtem, kleinge-
   schnittenem Trockenobst
— oder als Tortenboden verwenden

Zubereitung des Brandteiges:
Sahne-Wasser und Butter in einem Topf zum Kochen bringen, Mehl und Salz darüber sieben und so lange rühren, bis sich ein glatter Kloß bildet. Teig in einer Rührschüssel abkühlen lassen, nach und nach Eigelbe, Backpulver, Zimt und Vanillepulver unterrühren.
Mit 2 Teelöffeln Bällchen formen und auf das vorbereitete Backblech setzen, im vorgeheizten Backofen bei 160° C ca. 30 Minuten backen.

Zubereitungszeit: ca. 30 Minuten
Backzeit ca. 30 Minuten

Brotteig

Baguette

überwiegend Kohlenhydrate

Rezept für 5-6 Baguettes

Zutaten:
1 kg Weizenvollkornmehl
2 Päckchen Trockenhefe
³/₄ l lauwarmes Wasser
4 Teel. Meersalz

Zubereitungszeit: ca. 50 Minuten
(ohne Wartezeiten)
Backzeit: ca. 40 Minuten

Zubereitung:
Mehl in eine Schüssel sieben und eine Mulde hineindrücken, mit Hefe, etwas lauwarmem Wasser, etwas Mehl einen Vorteig bereiten und zugedeckt an einem warmen Ort ca. 10 Minuten gehen lassen.
Danach Salz auf den Mehlrand streuen, alles zu einem glatten Teig schlagen und kneten, bis er Blasen wirft und sich vom Schüsselrand löst, zugedeckt an einem warmen Ort nochmals 1-2 Stunden gehen lassen.

Dann den Teig kurz durchkneten, in 5-6 Stücke teilen, Rollen formen, mit der Nahtstelle auf das vorbereitete Backblech legen, zugedeckt 15 Minuten gehen lassen, die Rollen mit einem scharfen Messer mehrmals schräg einschneiden, mit lauwarmen Wasser bestreichen und im vorgeheizten Ofen bei 200° C ca. 40 Minuten backen.

Statt Trockenhefe können Sie auch frische Hefe verwenden.

Stellen Sie während des Backens eine Schüssel mit Wasser auf den Backofenboden. Der aufsteigende Wasserdampf fördert die Teiglockerung.

33

Brotteig

Fladenbrot

Rezept für 1 Fladen (ca. 30 Streifen)

überwiegend Kohlenhydrahte

Zutaten für den Hefeteig:
500 g Roggenmehl Type 997
1 Päckchen Trockenhefe
¼ l lauwarmes Wasser
2 Teel. Meersalz
1 Teel. Kümmel, gemahlen
1 Eßl. Anis
1 Eßl. Steinklee, gemahlen

Zubereitungszeit: ca. 15 Minuten
(ohne Wartezeiten)
Backzeit: ca. 40 Minuten

Zubereitung des Hefeteigs:
Mehl in eine Schüssel sieben und eine
Mulde hineindrücken, mit Hefe, etwas
Mehl und der Hälfte des lauwarmen
Wassers einen Vorteig bereiten, zugedeckt an einem warmen Ort 20 Minuten gehen lassen. Dann mit den restlichen Zutaten verkneten und ca.
4 Stunden an einem warmen Ort ruhen
lassen. Den Teig nochmals gründlich

verkneten und zu einem Fladen ausrollen, auf das vorbereitete Backblech
legen und mit den Fingern einen wul-
stigen Rand drücken. Mit einer Gabel
mehrmals einstechen und nochmals
10 Minuten gehen lassen.
Im vorgeheizten Ofen bei 200° C
ca. 40 Minuten backen und warm in
Streifen schneiden.

Statt Trockenhefe können Sie auch
frische Hefe verwenden.

Steinklee ist in Apotheken als Tee
(Herba Meliloti) erhältlich; er
schmeckt gut als Zugabe im Brot;
10 g reichen für 2 Fladen.

Stellen Sie während des Backens
eine Schüssel mit Wasser in den
Ofen. Der aufsteigende Wasserdampf fördert die Teiglockerung.

Gewürzbrot

Rezept für 1 Kastenbrot

überwiegend Kohlenhydrate

Zutaten:

500 g Weizenvollkornmehl
1 Päckchen Trockenhefe
$\frac{1}{8}$ l lauwarmes Sahne-Wasser
1 Teel. Honig
2 Zwiebeln
1 Knoblauchzehe
50 g Butter
3 Eigelbe
$\frac{1}{2}$ Teel. Meersalz
1 Prise Muskat
1 Teel. Anis
$\frac{1}{2}$ Teel. Fenchel
4 Eßl. Dill, getrocknet
$\frac{1}{2}$ Teel. Rosmarin

Zubereitungszeit: ca. 40 Minuten
(ohne Wartezeit)
Backzeit: ca. 40 Minuten

Zubereitung:

Mehl in eine Schüssel sieben und eine Mulde hineindrücken, mit Sahne-Wasser, Hefe, Honig, etwas Mehl einen Vorteig bereiten und zugedeckt an einem warmen Ort 10 Minuten gehen lassen. Dann weiche Butter, Eigelbe, Gewürze, Kräuter, gehackte Zwiebeln und zerdrückten Knoblauch zum Vorteig geben und alles zu einem glatten Teig verkneten und schlagen, bis er Blasen wirft. Nochmals zugedeckt an einem warmen Ort 10 Minuten gehen lassen. Den Teig in eine vorbereitete Kastenform füllen und weitere 20 Minuten gehen lassen.
Im vorgeheizten Ofen bei 200° C ca. 40 Minuten backen.

> Das Brot wird aromatischer, wenn Sie die Zwiebeln und den Knoblauch vorher anrösten.

Gluten- und lactosefreies Brot   überwiegend Kohlenhydrate
Rezept für 1 Kastenform 30 cm

Zutaten:
100 g Reis
100 g Linsen
100 g Hirse
100 g Quinoa
400 g Maismehl
1 Päckchen Weinstein-Backpulver
20 g Trockenhefe
1 ½ Eßl. Pfeilwurzelmehl
1 Eßl. Meersalz
750–800 ml lauwarmes Wasser

Zubereitungszeit: ca. 40 Minuten
(ohne Wartezeiten)
Backzeit: ca. 60 Minuten

Zubereitung:
Reis, Linsen, Hirse und Quinoa mahlen und mit dem Maismehl in eine Schüssel geben. Eine Mulde hineindrücken, mit Hefe, etwas lauwarmem Wasser und etwas Mehl einen Vorteig bereiten.
Zugedeckt an einem warmen Ort gehen lassen, bis doppeltes Volumen erreicht ist. Salz, Pfeilwurzelmehl, Backpulver, restliches lauwarmes Wasser dazugeben und zu einen glatten Teig verkneten. Den Teig in die vorbereitete Form füllen und zugedeckt an einem warmen Ort nochmals ca. 1 Stunde gehen lassen.
Im vorgeheizten Backofen bei 200° C ca. 60 Minuten backen.

> Quinoa und Pfeilwurzelmehl sind im Reformhaus oder Naturkostladen erhältlich.

Haferflockenbrot

Rezept für ein Brot

überwiegend Kohlenhydrate

Zutaten:
100 g Haferflocken
0,2 l Dickmilch
125 g Weizenvollkornmehl
1 Teel. Meersalz
1 Teel. Weinstein-Backpulver

Zubereitungszeit: ca. 30 Minuten.
Backzeit: ca. 40 Minuten
Einweichzeit: ca. 12 Stunden

Zubereitung:
Haferflocken mit der Dickmilch verrühren und über Nacht quellen lassen. Am nächsten Tag Mehl mit Backpulver in eine Schüssel sieben, Salz darüber streuen, mit den eingeweichten Haferflocken verrühren, bis ein fester Teig entsteht (evtl. etwas Mehl nachgeben). Kurz durchkneten, 5 cm dick ausrollen und auf das vorbereitete Backblech legen, mit einem scharfen Messer 8 Stücke leicht markieren und auf mittlerer Schiene im vorgeheizten Backofen bei 200° C 30–40 Minuten backen. Holzstäbchen-Probe machen.

Hutzenbrot

Rezept für 4 Brote

überwiegend Kohlenhydrate

Zutaten:
1500 g Weizenvollkornmehl
3 Päckchen Trockenhefe
1 kg Dörrbirnen
1 kg Dörrpflaumen ohne Steine
500 g Haselnußkerne, gemahlen
1 Eßl. Zimt
1 Teel. Nelkenpulver
1 Eßl. Meersalz

Zubereitungszeit: ca. 40 Minuten
(ohne Wartezeiten)
Backzeit: ca. 60 Minuten

hineindrücken, mit Hefe, 600 ml lauwarmem Einweichwasser und etwas Mehl einen Vorteig bereiten.
Zugedeckt an einem warmen Ort ca. 20 Minuten gehen lassen. Dann mit Nüssen, Gewürzen und Früchten einen festen, glatten Teig kneten und an einem warmen Ort ca. 20 Minuten gehen lassen.
Aus dem Teig 4 Laibe formen und auf das vorbereitete Backblech setzen, nochmals 1 Stunde gehen lassen. Im vorgeheizten Ofen bei 220° C ca. 60 Minuten backen.

Zubereitung:
Pflaumen und Birnen über Nacht einweichen, danach kleinschneiden. Mehl in eine Schüssel sieben und eine Mulde

Hutzenbrot bleibt lange frisch und saftig, wenn es in einer Blechdose aufbewahrt wird.

Ringbrot

überwiegend Kohlenhydrate

Rezept für 2 Brote

Zutaten:

300 g Roggenmehl, Typ 997
300 g Weizenvollkornmehl
1 Päckchen Trockenhefe
100 g Sauerteig vom Bäcker
400 ml lauwarmes Wasser
1 Eßl. Meersalz

Zubereitungszeit: ca. 60 Minuten
(ohne Wartezeiten)
Backzeit: ca. 45 Minuten

Zubereitung:
Mehl in eine Schüssel sieben und eine Mulde hineindrücken, mit Hefe, lauwarmem Wasser, etwas Mehl einen Vorteig bereiten und zugedeckt an einem warmen Ort 15 Minuten gehen lassen. Dann Salz, Sauerteig, nach und nach restliches Wasser zufügen und alles zu einem festen Teig verkneten.

Den Teig an einem warmen Ort 1 ½ Stunden gehen lassen.
Danach 2 runde Laibe formen und in die Mittte jeweils ein Loch stechen, den Teig nach außen zu einem Ring drücken.
Auf vorbereitetem Backblech zugedeckt 15 Minuten gehen lassen, mit einem scharfen Messer etwas einritzen und mit Wasser bestreichen.
Im vorgeheizten Backofen bei 200° C ca 45 Minuten backen.

Sauerteig kaufen Sie am besten beim Bäcker. Nehmen Sie nach dem Ansetzen des Teiges eine Portion ab, die Sie einfrieren und beim nächsten Brotbacken als Ansatz verwenden können.

Sechskornbrot

überwiegend Kohlenhydrate

Rezept für ein Kastenbrot 30 cm Länge

Zutaten:

300 g Sechskorn-Getreide
¹/₂ l lauwarmes Wasser
200 g Roggenmehl Typ 1370
1 Päckchen Trockenhefe
1 Teel. Honig
2 Teel. Meersalz
150 g Sauerteig vom Bäcker

Zubereitungszeit: ca. 60 Minuten
(ohne Wartezeiten)
Backzeit: ca. 75 Minuten

Zubereitung:

100 g Sechskorn-Getreidemischung in ¹/₄ l Wasser über Nacht einweichen und quellen lassen. Die restlichen 200 g mittelfein mahlen mit dem gesiebten Roggenmehl in eine große Schüssel geben und eine Mulde hineindrücken. Mit Hefe, Honig, etwas lauwarmem Einweichwasser und etwas Mehl einen Vorteig bereiten und zugedeckt an einem warmen Ort 10 Minuten gehen lassen.

Geweichtes Getreide abgießen. Abgießwasser auf ¹/₈ l auffüllen.
Aus Vorteig, Sauerteig, Salz, Mehl, geweichten Körnern und restlichem Wasser einen weichen Teig mit einem kräftigen Löffel abschlagen, bis er Blasen wirft. Den Teig zugedeckt an einem warmen Ort ca. 1 Stunde gehen lassen.
Danach nochmals abschlagen, in die vorbereitete Form füllen, glattstreichen, abdecken und weitere 30 Minuten an einem warmen Ort gehen lassen. Im vorgeheizten Backofen auf der mittleren Schiene bei 200° C ca. 75 Minuten backen.

> Sauerteig kaufen Sie am besten beim Bäcker. Nehmen Sie nach dem Ansetzen des Teiges eine Portion ab, die Sie einfrieren und beim nächsten Brotbacken als Ansatz verwenden können.

Süßes Bananen-Nußbrot

überwiegend Kohlenhydrate

Rezept für ein Kastenbrot 30 cm Länge

Zutaten:
150 g Butter
120 g Honig
3 Eigelbe
3–4 Bananen
350 g Weizenvollkornmehl
1 Päckchen Weinstein-Backpulver
¹/₄ Teel. Meersalz
100 g Haselnüsse, gemahlen
¹/₂ Teel. Vanillepulver
¹/₈ l Sahne-Wasser

Zubereitungszeit: ca. 30 Minuten
Backzeit: ca. 50 Minuten

Zubereitung:
Die Butter, den Honig und die Eigelbe schaumig schlagen, Bananen mäßig drücken und unter die Schaummasse rühren.

Mehl, Backpulver, Salz und Vanillepulver sieben, Nüsse hinzugügen und im Wechsel mit dem Sahne-Wasser unter die Schaummasse heben.
In die vorbereitete Form füllen und im vorgeheizten Backofen bei 170° C ca. 50 Minuten backen und auf dem Kuchengitter erkalten lassen.

Vanille ist im Handel fertig gemahlen erhältlich.

Stellen Sie während des Backens eine Schüssel mit Wasser in den Ofen. Der aufsteigende Wasserdampf fördert die Teiglockerung.

Vollkornbrot

Rezept für 1 Kastenform 30 cm Länge

überwiegend Kohlenhydrate

Zutaten:

1 kg Vollkornmehl
(halb Roggen, halb Weizen)
1 Eßl. Meersalz
100 g Sauerteig (vom Bäcker)
ca. ¹/₂ l warmes Wasser
Sonnenblumenkerne, Leinsamen,
Koriander, Kümmel

Zubereitungszeit: ca. 1 Stunde
(ohne Wartezeiten)
Backzeit: ca. 1 Stunde

Zubereitung:

Mehl in eine Schüssel sieben, die Hälfte davon mit Sauerteig, ca. ¹/₄ l Wasser zu einem Vorteig bereiten und zugedeckt an einem warmen Ort ca. 12 Stunden gehen lassen. Danach aus dem restlichen Mehl, Wasser, Salz und Gewürzen einen nicht zu festen Teig kneten. In die vorbereitete Kastenform legen und an einem warmen Ort nochmals ca. 60 Minuten gehen lassen, bis er etwa das doppelte Volumen erreicht hat. Im vorgeheizten Backofen bei 200° C ca. 60 Minuten backen und danach mit kaltem Wasser bestreichen und auf dem Rost einige Stunden auskühlen lassen.

Stellen Sie während des Backens eine Schüssel mit Wasser in den Ofen. Der aufsteigende Wasserdampf fördert die Teiglockerung.

Brotteig

Weizenkeimbrot

Rezept für zwei Brote

überwiegend Kohlenhydrate

Zutaten:
150 g Weizenkörner
1 kg Weizenvollkornmehl
2 Päckchen Trockenhefe
½ l lauwarmes Wasser
2 Eßl. Meersalz
6 Eßl. Honig
40 g Butter

Zubereitungszeit: ca. 60 Minuten
(ohne Wartezeiten)
Backzeit: ca. 60 Minuten
Einweichzeit: ca. 72 Stunden

Zubereitung:
Weizenkörner 3 Tage vor dem Backen
zum Keimen ansetzen.

Mehl in eine Schüssel sieben und eine Mulde hineindrücken, mit Hefe, lauwarmem Wasser, Honig, flüssiger Butter und der Hälfte des Mehls einen Vorteig bereiten und zugedeckt an einem warmen Ort ca. 30 Minuten gehen lassen.
Danach gekeimte Körner, Salz, Mehl, ¼ l lauwarmes Wasser dazugeben, gut verkneten und zugedeckt an einem warmen Ort gehen lassen, bis das doppelte Volumen erreicht ist. Dann gut durchkneten, zwei Laibe formen und auf das vorbereitete Backblech setzen, weitere 15–20 Minuten gehen lassen. Kreuzweise leicht einschneiden und im vorgeheizten Backofen bei 200° C ca. 50–60 Minuten backen.

Weizenvollkornbrot

Rezept für ein Brot

überwiegend Kohlenhydrate

Zutaten:
1 kg Weizenvollkornmehl
2 Päckchen Trockenhefe
½ l Sahne-Wasser
½ Teel. Honig
1 Eßl. Meersalz
1 Eßl. Butter

Zubereitungszeit ca. 40 Minuten
(ohne Wartezeiten)
Backzeit: ca. 45 Minuten

Zubereitung:
Das Mehl in eine Schüssel sieben und eine Mulde hineindrücken, mit Hefe, ¼ l lauwarmem Sahne-Wasser, Honig und etwas Mehl einen Vorteig bereiten.

Zugedeckt an einem warmen Ort ½ Stunde gehenlassen. Salz auf den Mehlrand streuen, ¼ l Sahne-Wasser zugießen und alles zu einem glatten Teig verkneten. Einen länglichen Laib formen, mit einem Messer mehrmals quer einritzen und auf das vorbereitete Backblech setzen.
Nochmals 2 Stunden gehen lassen und im vorgeheizten Backofen bei 200° C ca. 45 Minuten backen und noch heiß mit zerlassener Butter bestreichen.

Nach Geschmack Leinsamen oder
Sonnenblumenkerne dazugeben.

Brötchenteig

Buttermilchbrötchen

überwiegend Kohlenhydrate

Rezept für 6 Brötchen

Zutaten:
250 g Weizenvollkornmehl
¹/₂ Päckchen Trockenhefe
2 Eßl. lauwarmes Wasser
1 Teel. Meersalz
1 Teel. Weinstein-Backpulver
25 g Butter
¹/₈ l Buttermilch

Zubereitungszeit: ca. 40 Minuten
(ohne Wartezeit)
Backzeit: ca. 20 Minuten

Zubereitung:
Mehl in eine Schüssel sieben und eine Mulde hineindrücken, mit Hefe, etwas Mehl, einem Teil des lauwarmen Wassers einen Vorteig bereiten und an einem warmen Ort zugedeckt ca. 15 Minuten gehen lassen. Dann Butterflöckchen, Salz, Buttermilch, Backpulver und restliches Wasser zugeben und zu einem glatten Teig kneten, bis er sich von der Schüssel löst.
Vom nicht zu festen Teig eine Rolle formen, in 6 Stücke teilen, die Brötchen auf das vorbereitete Backblech setzen und zugedeckt an einem warmen Ort gehen lassen, bis das doppelte Volumen erreicht ist.
Auf der untersten Schiene im vorgeheizten Backofen bei 200° C ca. 20 Minuten backen.

---

1 Teel. Speisestärke in 1/8 l Wasser aufkochen, Brötchen damit bestreichen, das gibt Glanz.

Haferflockenbrötchen

überwiegend Kohlenhydrate

Rezept für ca. 10 Stück

Zutaten:
375 g Weizenvollkornmehl
1 Päckchen Trockenhefe
1 Teel. Rohzucker
¹/₄ l lauwarmes Wasser
125 g kernige Haferflocken
12 g Meersalz

Zum Bestreichen:
etwas Sahne-Wasser

Zum Bestreuen:
Sesam, Kümmel

Zubereitungszeit: ca. 50 Minuten
(ohne Wartezeiten)
Backzeit: ca.15–20 Minuten

Zubereitung:
Mehl in eine Schüssel sieben und eine Mulde hineindrücken, mit Hefe, etwas Mehl und einem Teil des lauwarmen Wassers einen Vorteig bereiten und zugedeckt an einem warmen Ort ca. 15 Minuten gehen lassen. Danach Salz, Zucker, Haferflocken, restliches Wasser dazugeben und alles zu einem glatten Teig verkneten. Aus dem Teig eine Rolle formen, Brötchen abschneiden und auf das vorbereitete Backblech setzen, mit einem Messer einritzen, mit Sahne-Wasser bestreichen und 20 Minuten gehen lassen. Vor dem Backen nochmals bestreichen und mit Sesam oder Kümmel bestreuen.
Im vorgeheizten Backofen bei 200° C 15–20 Minuten backen.

Für Rosinenbrötchen nehmen sie 8 g Rosinen je Brötchen = 1 flach gefüllter Eßlöffel, das Salz sollten Sie auf die Hälfte reduzieren.

Hüttenbrötchen

überwiegend Kohlenhydrate

Rezept für ca. 20 Brötchen

Zutaten:
500 g gekochte Pellkartoffeln
2 Päckchen Trockenhefe
1 kg Weizenvollkornmehl
2 Teel. Meersalz
¹/₂ l lauwarmes Wasser
1 Eigelb

Zum Bestreuen:
Mohn und Meersalz

Zubereitungszeit: ca. 30 Minuten
(ohne Wartezeit)
Backzeit: ca. 20 Minuten

Zubereitung:
Kartoffeln durch die Kartoffelpresse drücken. In eine Schüssel das Mehl sieben und eine Mulde hineindrücken. Die Hefe, etwas Mehl und einen Teil des lauwarmen Wassers vermengen und ca. 15 Minuten gehen lassen. Dann das restliche Wasser, die Kartoffeln und das Salz dazugeben und alles zu einem glatten Teig verkneten, zugedeckt an einem warmen Ort ca. 30 Minuten gehen lassen, bis das doppelte Volumen erreicht ist.

Danach eine Rolle formen und 20 Brötchen abschneiden, formen und auf das vorbereitete Backblech setzen, weitere 20 Minuten gehen lassen. Eigelb mit etwas Wasser verquirlen, Brötchen bepinseln, mit Salz und Mohn bestreuen. Im vorgeheizten Backofen bei 200° C ca. 20 Minuten backen.

Knoblauch-Brötchen

Rezept für ca. 16 Stück

überwiegend Kohlenhydrate

Zutaten:
500 g Weizenvollkornmehl
250 g frisch gekochte Pellkartoffeln
6 Knoblauchzehen
1 ½ Eßl. Meersalz
1 Päckchen Trockenhefe
400 ml Sahne-Wasser
3 Eigelbe

Zum Bestreichen:
1 Eigelb

Zum Verzieren:
ganze, geschälte Mandeln

Zubereitungszeit: ca. 70 Minuten
(ohne Wartezeiten)
Backzeit: ca. 30 Minuten

Zubereitung:
Kartoffeln pellen, noch heiß durch die Kartoffelpresse drücken oder stampfen, zerriebenen Knoblauch und Salz dazugeben, Mehl darüber sieben und alles zu Streuseln verarbeiten.
Eine Mulde hineindrücken, die in dem Sahne-Wasser aufgelöste Hefe und die verquirlten Eigelbe zugeben und zu einem glatten Teig verkneten, zugedeckt an einem warmen Ort gehen lassen, bis der Teig das doppelte Volumen hat (ca. 1 ½ Stunden).
Dann nochmals durchkneten, eine Rolle formen und 16 Brötchen abschneiden, formen und auf das vorbereitete Backblech setzen. Erneut 15 Minuten gehen lassen, mit Eigelb bestreichen, über Kreuz einritzen und mit Mandeln belegen.
Im vorgeheizten Backofen bei 200° C ca. 30 Minuten backen.

Diese Brötchen schmecken sehr gut zu deftigen Suppen und kräftigem Käse.

Mohnbrötchen

überwiegend Kohlenhydrate

Rezept für ca. 10 Stück

Zutaten:
500 g Weizenvollkornmehl
¹/₄ l Sahne-Wasser
1 Päckchen Trockenhefe
50 g Butter
2 Eigelbe
1 Prise Meersalz
etwas Muskat

Zum Bestreichen:
1 Eigelb
2 Eßl. Sahne-Wasser

Zum Bestreuen:
4 Eßl. Mohn

Zubereitungszeit: ca. 40 Minuten
(ohne Wartezeiten)
Backzeit: ca. 20 Minuten

Zubereitung:
Mehl in eine Schüssel sieben und eine Mulde hineindrücken, mit Hefe, etwas lauwarmem Sahne-Wasser und etwas Mehl einen Vorteig bereiten. Zugedeckt an einem warmen Ort 15 Minuten gehen lassen. Danach mit weicher Butter, Eigelben, Gewürzen, restlichem lauwarmen Sahne-Wasser einen glatten Teig kneten und zugedeckt an einem warmen Ort 15 Minuten gehen lassen, bis er das doppelte Volumen erreicht hat. Aus dem Teig eine Rolle formen und in 10 gleichgroße Stücke schneiden und auf ein vorbereitetes Backblech setzen, zugedeckt weitere 20 Minuten gehen lassen.

Das Eigelb mit Sahne-Wasser vermischen und die Brötchen damit bestreichen, anschließend mit Mohn bestreuen.

Im vorgeheizten Backofen bei 200° C ca. 20 Minuten backen.

Roggenbrötchen

überwiegend Kohlenhydrate

Rezept für ca. 12 Stück

Zutaten:
500 g Roggenmehl Typ 1800
50 g Sauerteig (vom Bäcker)
etwa $\frac{1}{2}$ l Wasser
1 Päckchen Trockenhefe
1 Eßl. Meersalz

Zum Bestreichen:
Wasser

Zubereitungszeit: ca. 30 Minuten
(ohne Wartezeiten)
Backzeit: ca. 25 Minuten

Zubereitung:
Mehl in eine Schüssel sieben und eine
Mulde hineindrücken, mit Sauerteig,
der Hefe, etwas Mehl und einem Teil
des lauwarmen Wassers einen Vorteig
bereiten. Den Vorteig zugedeckt an
einem warmen Ort über Nacht gehen
lassen.

Am nächsten Tag Salz auf das Mehl
streuen, alles zu einem glatten Teig
kneten, bis er Blasen wirft. Eine Rolle
formen und 12 Brötchen abschneiden,
formen und auf das vorbereitete Backblech setzen, mit Wasser bestreichen
und mit Mehl bestäuben, einmal einschneiden und im vorgeheizten Backofen bei 200° C ca. 25 Minuten
backen.

> Sauerteig kaufen Sie am besten
> beim Bäcker. Nehmen Sie nach dem
> Ansetzen des Teiges eine Portion ab,
> die Sie einfrieren und beim nächsten
> Brotbacken als Ansatz verwenden
> können.

Salzbrezeln

Rezept für 10 Brezeln

überwiegend Kohlenhydrate

Zutaten:
500 g Weizenvollkornmehl
1 Teel. Meersalz
1 Päckchen Trockenhefe
1 Teel. Honig
20 g Butter
¼ l lauwarmes Sahne-Wasser

Zutaten für die Lauge:
3 l Wasser
2 Eßl. Meersalz

Zum Bestreuen:
3 Eßl. grobes Salz

Zubereitungszeit: ca. 1 ¾ Stunden
(ohne Ruhezeiten)
Backzeit: ca. 30 Minuten

Zubereitung:
Das Mehl in eine Schüssel sieben und eine Mulde hineindrücken, mit Honig, Hefe, 4 Eßl. lauwarmem Sahne-Wasser und etwas Mehl einen Vorteig bereiten und zugedeckt an einem warmen Ort 10 Minuten gehen lassen. Salz und

weiche Butter, restliches lauwarmes Sahne-Wasser zum Vorteig geben und zu einem glatten Teig kneten, bis er sich von der Schüssel löst. Zugedeckt an einem warmen Ort 30 Minuten gehen lassen. Danach kräftig durchkneten und Rollen formen, 10 Teile abschneiden und jedes Teil zu 30 cm Länge, mit dickem Mittelstück und dünnem Ende rollen. Brezeln formen und die überkreuzten Enden gut auf das dickere Mittelstück drücken.
Auf das vorbereitete Backblech setzen und zugedeckt an einem warmen Ort 10 Minuten gehen lassen. Für die Lauge das Wasser mit Salz kochen, Brezeln der Reihe nach hineingeben und sofort wieder mit einem Schaumlöffel heraus nehmen, wenn sie hochkommen und auf ein Tuch zum Abtropfen legen.

Am dicken Mittelstück etwas einschneiden, mit grobem Salz bestreuen und im vorgeheizten Backofen bei 200° C ca. 30 Minuten backen.

Vollkornbrötchen

überwiegend Kohlenhydrate

Rezept für ca. 25 Stück

Zutaten:
1 ¼ kg Weizenvollkornmehl
2 Eßl. Meersalz
2 Päckchen Trockenhefe
³/₄ l Wasser
1 Teel. Honig

Variationen:
Brötchen mit etwas Wasser bestreichen, mit Mohn, Sesam, Käse, Kräuter, Kümmel oder Zwiebeln bestreuen.

Zubereitungszeit: ca. 40 Minuten
(ohne Wartezeiten)
Backzeit: ca. 25 Minuten

Zubereitung:
Mehl in eine Schüssel sieben und eine Mulde hineindrücken, mit Hefe, etwas Mehl und einem Teil des lauwarmen Wassers einen Vorteig bereiten und zugedeckt an einem warmen Ort 15 Minuten gehen lassen.

Dann Salz auf den Mehlrand streuen, Honig, restliches lauwarmes Wasser und Vorteig zu einem glatten Teig kneten, bis er sich von der Schüssel löst und zugedeckt an einem warmen Ort ca. 20 Minuten gehen lasssen.

Dann Teig nochmals durchkneten, eine Rolle formen und 25 Teile abschneiden, geformte Brötchen auf das vorbereitete Backblech setzen, nochmals 15 Minuten zugedeckt an einem warmen Ort gehen lassen.

Im vorgeheizten Backofen bei 200° C ca. 25 Minuten backen.

Hefeteig

Bananen-Quarkkuchen

überwiegend Kohlenhydrate

Rezept für ein Backblech

Zutaten für den Hefeteig:
500 g Weizenvollkornmehl
1 Päckchen Trockenhefe
60 g Honig
gut ¼ l lauwarmes Sahne-Wasser
1 Prise Meersalz
4–5 Eigelbe
100 g Butter

Zutaten für den Belag:
4 Eigelbe
90 g Honig
etwas Vanillepulver
⅛ l Sahne-Wasser
75 Grieß
500 g Quark
3–4 Bananen

Zum Bestreichen:
1 Eigelb, etwas Honig

Zubereitungszeit: ca. 30 Minuten
(ohne Wartezeiten)
Backzeit: ca. 40 Minuten

Zubereitung des Hefeteiges:
Mehl in eine Schüssel sieben und eine Mulde hineindrücken. Darin Hefe mit dem lauwarmen Sahne-Wasser und etwas Mehl zu einen Vorteig bereiten. Zugedeckt an einem warmen Ort 15 Minuten gehen lassen. Butter zerlassen und abkühlen lassen.
Danach Honig, Eigelbe, Salz mit der flüssigen, nicht mehr heißen Butter verquirlen, zum Vorteig geben und verkneten, bis sich der Teig vom Boden löst. Auf vorbereitetem Blech ⅔ des Teiges ausrollen, die Ränder hochziehen, gut andrücken und zugedeckt an einem warmen Ort ca. 20–30 Minuten gehen lassen.

Zubereitung des Belages:
Eigelbe und Honig schaumig schlagen, Quark, Grieß, Vanillepulver, Sahne-Wasser unterrühren. Quarkmasse auf dem Hefeteig verstreichen, Bananenstücke darauf verteilen und etwas eindrücken.
Den restlichen Teig zu einem langen ca. ½ cm dicken Rechteck ausrollen, 1 cm breite Streifen daraus schneiden und als Schräggitter auf die Quarkmasse legen. Das Gitter mit verquirltem Eigelb und die Bananen mit Honig bestreichen, im vorgeheizten Backofen bei 200° C ca. 30–40 Minuten backen.

Vanillepulver ist im Handel fertig gemahlen erhältlich.

55

Feine Brioches

Rezept für ca. 20 Stück

überwiegend Kohlenhydrate

Zutaten:
500 g Weizenvollkornmehl
1 Päckchen Trockenhefe
4 Eßl. lauwarmes Wasser
8 Eßl. Sahne-Wasser
1 Eßl. Honig
2 Teel. Meersalz
200 g Butter
7 Eigelbe

Zum Bestreichen:
1 Eigelb
etwas Sahne-Wasser

Zubereitungszeit: ca. 50 Minuten
(ohne Wartezeiten)
Backzeit: ca. 40 Minuten

Zubereitung:
In einer großen Schüssel die Hefe im lauwarmen Wasser auflösen, 10 Minuten stehen lassen. Dann Honig mit Sahne-Wasser unterrühren, 200 g Mehl darüber sieben und mit der weichen Butter unterschlagen. Salz mit restlichem Mehl darüber sieben, zuletzt die Eigelbe nach und nach unterheben. Den klebrigen Teig ca. 20 Minuten mit der Hand weiter schlagen (hoch hinausziehen und kräftig zurückschleudern), bis kein Teig mehr an den Fingern kleben bleibt. Zugedeckt an einem warmen Ort 2–4 Stunden gehen lassen, bis sich das Volumen verdoppelt hat.

Danach den Teig zusammenschlagen und mindestens über Nacht zugedeckt im Kühlschrank stehen lassen. Am nächsten Morgen den Teig kurz durchkneten und halbieren.
Eine Hälfte in 10 Stücke teilen, von jedem Teil ein walnußgroßes Stückchen abschneiden. Aus jedem großen Teil einen Ball formen und in ein ausgefettetes Förmchen setzen, mit einem scharfen Messer ein Kreuz einschneiden, mit bemehlter Messerspitze die Einschnitte etwas auseinanderdrücken. Die nußgroßen Stückchen als Kugel auf das Kreuz legen, andrücken. Den Teig aus dem Kühlschrank ebenso verarbeiten, und anschließend mit dem verquirlten Eigelb-Sahne-Wasser bestreichen. 30 Minuten gehen lassen und im vorgeheizten Backofen bei 200° C ca. 40 Minuten backen.

Machen Sie sich einmal die Mühe, mit diesem etwas zeitaufwendigen, aber feinen Rezept – es lohnt sich. Wenn Sie keine Spezialform haben, geht es auch in anderen Backförmchen.
Am besten schmecken sie ofenfrisch, das Krönchen abgebrochen mit einem Stückchen gesalzene Butter darauf.

Schnelle Brioches

Rezept für ca. 20 Stück

überwiegend Kohlenhydrate

Zutaten:

500 g Weizenvollkornmehl
1 Päckchen Trockenhefe
¼ l lauwarmes Sahne-Wasser
1 El. Honig
120 g Butter
4 Eigelbe
½ Teel. Salz

Zum Bestreichen:

1 Eigelb
etwas Sahne-Wasser

Zubereitungszeit: ca. 1 Stunde
(ohne Wartezeit)
Backzeit: ca. 15 Minuten

Zubereitung:

Mehl in eine Schüssel sieben und eine Mulde hineindrücken, mit Hefe, Honig, lauwarmem Sahne-Wasser, etwas Mehl einen Vorteig bereiten. Zugedeckt an einem warmen Ort 10 Minuten gehen lassen. Butter zerlassen und wieder abkühlen. Restliches Mehl, Salz, zerlassene Butter, Eigelbe unter den Vorteig mengen und zu einem Teig kneten. Zugedeckt an einem warmen Ort ca. 15 Minuten gehen lassen. Den Teig nochmals zusammenschlagen und kneten und zu langen Rollen formen, 20 Teile abschneiden und von jedem Teil ein walnußgroßes Stückchen abnehmen. Aus den Teigstücken kleine und große Kugeln formen. Die großen in ein vorbereitetes Förmchen setzen und mit dem inzwischen verquirlten Eigelb bestreichen, eine kleine Kugel daraufsetzen und ebenfalls bestreichen. Förmchen auf ein Backgitter stellen, an einem warmen Ort nochmals ca. 10 Minuten gehen lassen. Dann auf mittlerer Schiene im vorgeheizten Backofen bei 200° C ca. 15 Minuten backen.

Variation:

Bei gleicher Verarbeitung unter den Teig noch 100 g kleingewürfelten Illertaler Käse (über 50% Fett) mengen. Die Backzeit um einige Minuten verlängern.

Straßburger Flammkuchen

überwiegend Kohlenhydrate

Rezept für 1 Springform 24 cm ⌀

Zutaten für den Hefeteig:

250 g Weizenvollkornmehl
¹/₂ Päckchen Trockenhefe
¹/₂ Teel. Honig
¹/₈ l Sahne-Wasser
¹/₂ Teel. Meersalz
6 Eßl. Öl

Zutaten für den Belag:

100 g Magerquark
1 Eßl. Sahne
1 Eßl. Mehl
2 Eßl. Öl
80 g Dörrfleisch
1 Zwiebel
1 Msp. Salz

Zubereitung des Hefeteiges:

Mehl in eine Schüssel sieben und eine Mulde hineindrücken, mit Hefe, 3 Eßl. lauwarmem Sahne-Wasser, Honig, etwas Mehl, einen Vorteig bereiten und zugedeckt an einem warmen Ort 15 Minuten gehen lassen. Danach mit Salz, Öl, restlichem Sahne-Wasser einen Teig kneten, bis er Blasen wirft. Nochmals zugedeckt an einem warmen Ort gehen lassen, bis er das doppelte Volumen erreicht hat. Teig ausrollen, in die vorbereitete Form geben.

Zubereitung des Belages:

Quark, Sahne, Mehl, Salz und Öl gut verquirlen und so lange schlagen, bis eine Creme entsteht. Mit einer Spachtel auf den Teig verstreichen. Feingeschnittene Zwiebelstreifen und Dörrfleischstreifen darüber verteilen. Im vorgeheizten Backofen bei 200° C ca. 15–20 Minuten goldgelb backen.

Zubereitungszeit: ca. 40 Minuten (ohne Wartezeit)
Backzeit: ca. 20 Minuten

Piroggen mit Zwiebelfüllung

überwiegend Kohlenhydrate

Rezept für 5 Personen

Zutaten für den Hefeteig:
250 g Weizenvollkornmehl
1/2 Teel. Meersalz
1/2 Päckchen Trockenhefe
1/8 l Sahne-Wasser
1 Eigelb
50 g Butter

Zutaten für die Füllung:
500 g Gemüsezwiebeln
125 g Dörrfleisch
25 g Butter
1 Teel. Kümmel
je 1/2 Teel. Meersalz und Basilikum
75 g saure Sahne
2 Eigelbe

Zum Bestreichen:
1 Eigelb

Zubereitungszeit: ca. 50 Minuten
(ohne Wartezeiten)
Backzeit: 25–30 Minuten

Zubereitung des Hefeteiges:
Mehl in eine Schüssel sieben und eine Mulde hineindrücken, mit Hefe, etwas lauwarmem Sahne-Wasser, etwas Mehl einen Vorteig bereiten und zugedeckt an einem warmen Ort ca. 20 Minuten gehen lassen. Danach Butter, Salz, Eigelb, restliches Sahne-Wasser zugeben und solange zu einem glatten Teig schlagen und kneten, bis er Blasen wirft. Zugedeckt an einem warmen Ort gehen lassen, bis er das doppelte Volumen erreicht hat.

Zubereitung der Füllung:
Zwiebeln, Dörrfleisch in feine Streifen schneiden. Erst Dörrfleisch, dann Zwiebeln in der Butter goldbraun anbraten und bei milder Hitze weichdünsten, mit Salz, Kümmel, Basilikum würzen, saure Sahne zugeben, einkochen lassen, vom Herd nehmen und abkühlen lassen. Eigelbe nach und nach unterrühren.
Den Teig 1/2 cm dick ausrollen, 10 cm ⌀ ausstechen, 1 Eßl. Füllung in die Mitte geben, Rand mit Eigelb bestreichen, als Tasche zusammen klappen, mit einer Gabel den Rand zusammendrücken, auf das vorbereitete Backblech setzen, nochmals einige Minuten gehen lassen, mit Eigelb bestreichen. Im vorgeheizten Backofen bei 200° C ca. 25 Minuten backen.

Fränkischer Speckkuchen
überwiegend Kohlenhydrate

Rezept für ein Backblech

Zutaten für den Hefeteig:
300 g Weizenvollkornmehl
¹/₂ Päckchen Trockenhefe
¹/₈ l Sahne-Wasser
etwas Rohzucker
60 g Butter
3–4 Eigelbe
1 Prise Meersalz

Zutaten für den Belag:
500 g Speck
3 Eigelbe
1 Eßl. Kümmel

Zubereitungszeit: ca. 40 Minuten
(ohne Wartezeit)
Backzeit: ca. 30 Minuten

Zubereitung des Hefeteiges:
Mehl in eine Schüssel sieben und eine Mulde hineindrücken, mit Hefe, 3 Eßl. lauwarmem Sahne-Wasser, etwas Zucker, etwas Mehl einen Vorteig bereiten und zugedeckt an einem warmen Ort 15 Minuten gehen lassen. Danach mit Butter, Eigelben, Salz und restlichem Sahne-Wasser einen Teig kneten, bis er Blasen wirft. Zugedeckt an einem warmen Ort gehen lassen, bis er das doppelte Volumen erreicht hat. Auf dem vorbereiteten Backblech ausrollen, mit Eigelb bestreichen, feingewürfelten Speck und Kümmel darauf verteilen, etwas festdrücken. Im vorgeheizten Backofen bei 200° C ca. 30 Minuten backen und noch heiß servieren.

Würziger Stollen

Rezept für einen Stollen

überwiegend Kohlenhydrate

Zutaten:
250 g Weizenvollkornmehl
250 g Weizenmehl 405
1 Päckchen Trockenhefe
200-300 ml Sahne-Wasser
60 g Honig
2 Eigelbe
1/2 Eßl. Vanillepulver
1/2 Eßl. Zimt
2 Eßl. Rum
1/2 Teel. Meersalz
je 1/4 Teel. Piment, Kardamon, Muskat
50 g Rosinen
100 g Mandeln, gehackt
210 g Butter
50 g Vollkornmehl
25 g Pinienkerne

Zum Bestreuen:
50 g Haselnüsse, gehackt
50 g Haferflocken

Zubereitungszeit: ca. 1 1/2 Stunden (ohne Wartezeit)
Backzeit: ca. 60-70 Minuten

Zubereitung des Hefeteiges:
Mehl in eine große Schüssel sieben und eine Mulde hineindrücken, mit Hefe, etwas Mehl und 3 Eßl. lauwarmem Sahne-Wasser einen Vorteig bereiten, diesen zugedeckt an einem warmen Ort ca. 20 Minuten gehen lassen. Dann Honig, Eigelbe, Vanillepulver, restliches Sahne-Wasser und Salz hinzufügen. Gewürze mischen und unterheben, alles zu einem glatten Teig schlagen und verkneten. Zugedeckt nochmals an einem warmen Ort ca. 15 Minuten gehen lassen. 50 g Mehl, 150 g Butter zu einem weichen Teig kneten, unter die aufgegangene Teigmasse arbeiten. Mandeln, Pinienkerne und die in Rum eingeweichten Rosinen unter den Teig kneten. Wiederum zugedeckt an einem warmen Ort gehen lassen. Stollen formen, mit der Schlußseite auf das vorbereitete Backblech legen, ca. 20 Minuten gehen lassen. Im vorgeheizten Backofen auf der untersten Schiene bei 190° C ca. 60-70 Minuten backen. Den noch warmen Stollen mit restlicher Butter bestreichen, mit den Haferflocken und Haselnüssen bestreuen.

Dieser Kuchen schmeckt am besten, wenn er 3-4 Tage gut verpackt durchgezogen ist.

Englische Teekekse

überwiegend Kohlenhydrate

Rezept für ca. 30 Stück

Zutaten:
400 g Weizenvollkornmehl
³/₄ Päckchen Trockenhefe
¹/₈ l Sahne-Wasser
2 Teel. Honig
80 g Butter
4 Eigelbe
¹/₂ Teel. Meersalz
80 g Rosinen, eingeweicht

Zum Bestreichen:
1 Eigelb

Zubereitung:
Mehl in eine Schüssel sieben und eine Mulde hineindrücken, mit Hefe, lauwarmem Sahne-Wasser, etwas Honig, etwas Mehl einen Vorteig bereiten und zugedeckt an einem warmen Ort ca. 15 Minuten gehen lassen. Danach weiche Butter, restlichen Honig, Eigelbe, die eingeweichten, trocken getupften Rosinen, Salz, restliches Mehl zu einem Teig verkneten und schlagen, bis er Blasen wirft und sich leicht von den Fingern löst. Nochmals an einem warmen Ort ca. 15 Minuten gehen lassen. Dann den Teig etwa 2 cm dick ausrollen, runde Plätzchen ausstechen und auf das vorbereitete Backblech setzen, mit Eigelb bestreichen. Im vorgeheizten Backofen bei 180° C ca. 20 Minuten backen.

Zubereitungszeit: ca. 40 Minuten (ohne Wartezeit)
Backzeit ca. 20 Minuten

Kartoffelteig

Dörrfleisch-Kartoffeltorte

überwiegend Kohlenhydrate

Rezept für ein Backblech

Zutaten für den Kartoffelteig:

800 g mehligkochende Kartoffeln
80 g Butter
3 Eigelbe
3 Teel. Meersalz
80 g Vollweizengrieß
300 g Weizenvollkornmehl

Zutaten für den Belag:

1 kg Kartoffeln
100 g Zwiebeln
250 g saure Sahne
250 g süße Sahne
4 Eigelbe
300 g Dörrfleisch
¹/₂ Teel. Meersalz
1 Teel. Basilikum, getrocknet
¹/₄ Teel. Muskat, gerieben

Variationen:

als Teig für Pizza,
Gemüsetorten,
Zwiebelkuchen

Zubereitung des Kartoffelteiges:

Kartoffeln in der Schale kochen, abkühlen lassen, pellen und durch eine Kartoffelpresse drücken. Butter, Eigelbe, Salz, Grieß zu den noch warmen Kartoffeln geben, Mehl darüber sieben und alles mit der Hand zu einem Teig verkneten, zugedeckt an einem kühlen Ort ca. 20 Minuten ruhen lassen.

Zubereitung des Belages:

Kartoffeln kochen, abkühlen lassen, pellen, durch die Kartoffelpresse drücken, Zwiebeln und Dörrfleisch würfeln, mit den restlichen Zutaten zu einer kompakten Masse verarbeiten. Den Teig ausrollen und auf ein vorbereitetes Backblech geben, Dörrfleischmasse darauf verstreichen und im vorgeheizten Backofen bei 175° C ca. 60 Minuten backen und heiß servieren.

Zubereitungszeit: ca. 60 Minuten
(ohne Wartezeit)
Backzeit: ca. 60 Minuten

Kartoffelteig

Haselnuß-Kartoffelkuchen
überwiegend Kohlenhydrate

Rezept für eine Springform 22 cm ⌀

Zutaten für den Kartoffelteig:
6 Eigelbe
100 g Honig
150 g Pellkartoffeln vom Vortag
150 g Haselnüsse, gemahlen
50 g Haselnüsse, gehackt
1 Päckchen Weinstein-Backpulver
2 Msp. Vanillepulver
4 Eßl. Wasser
1 Eßl. Biobin

Zubereitungszeit: ca. 30 Minuten
(ohne Wartezeit)
Backzeit: ca. 40 Minuten

Zubereitung:
Eigelbe mit Honig schaumig rühren, die feingeriebenen Kartoffeln dazugeben und mitrühren. Nüsse, Biobin, Vanillepulver, Backpulver mischen, im Wechsel mit dem Wasser unterrühren, Teig in die vorbereitete Form geben und im vorgeheizten Backofen bei 180° C ca. 40 Minuten backen.

> Vanillepulver ist im Handel fertig gemahlen erhältlich.

Heidelbeer-Kartoffelhörnchen
überwiegend Kohlenhydrate

Rezept für 24 Stück

Zutaten:
250 g Pellkartoffeln vom Vortag
300 g Weizenvollkornmehl
1 Päckchen Weinstein-Backpulver
60 g Honig
¹/₂ Teel. Vanillepulver
1 Prise Meersalz
3–4 Eigelbe
75 g Butter
75 g Haselnüsse, gemahlen.

Zum Füllen:
¹/₂ Glas Heidelbeerkonfitüre

Zum Bestreichen:
Sahne

Zubereitungszeit ca. 40 Minuten.
(ohne Wartezeit)
Backzeit ca. 20 Minuten

Zubereitung:
Mehl, Backpulver auf die Arbeitsfläche sieben und eine Mulde hineindrücken. Kartoffeln pellen, reiben und in die Mulde geben, mit der weichen Butter, Honig, Vanillepulver, Salz, Eigelben und den Haselnüssen per Hand zu einem glatten Teig verkneten und zugedeckt 30 Minuten im Kühlschrank ruhen lassen. Dann jeweils die Hälfte des Teiges ¹/₂ cm dick und 30 cm ⌀ ausrollen, in 12 Teile schneiden, auf jedes Teil ¹/₂ Teel. Heidelbeerkonfitüre setzen, zur Spitze hin aufrollen. Hörnchen auf vorbereitetes Backblech setzen, mit Sahne bestreichen und im vorgeheizten Backofen bei 200° C ca. 20 Minuten backen.

Mandel-Kartoffelkuchen

überwiegend Kohlenhydrate

Rezept für eine Springform 24 cm ⌀

Zutaten:

300 g Pellkartoffeln vom Vortag
20 g Rosinen
50 g gehackte Mandeln
4 cl Rum
8 Eigelbe
100 g Honig
1 Prise Meersalz
120 g Mandeln, gemahlen

Zum Bestäuben:

Puderzucker (aus Rohzucker)

Zubereitungszeit ca. 40 Minuten
Backzeit ca. 60 Minuten

Zubereitung:

Eigelbe, Honig, Salz schaumig schlagen, Kartoffeln pellen und reiben, mit den in Rum eingeweichten Rosinen, den gehackten und gemahlenen Mandeln vorsichtig unter die Schaummasse heben, in eine vorbereitete Springform füllen und im vorgeheizten Backofen bei 180° C ca. 60 Minuten backen, auskühlen lassen, mit Puderzucker bestäuben.

Kartoffelteig

Salami-Kartoffelkuchen

überwiegend Kohlenhydrate

Rezept für eine Springform 24 cm ⌀

Zutaten:

100 g Kartoffeln
2 Zwiebeln
150 g Dörrfleisch in Scheiben
4 Eßl. Öl
250 g Rindersalami
¹/₈ l Sahne-Wasser
6 Eigelbe
100 g Weizenvollkornmehl
je 1 Msp. Meersalz,
Kardamom, Majoran

Zubereitungszeit: ca. 1 Stunde
Backzeit: ca. 1 Stunde

Zubereitung:

Geschälte Kartoffeln grob reiben und in einem Tuch gut ausdrücken. Zwiebeln und Dörrfleisch (bis auf 3 Scheiben) fein würfeln. Dörrfleisch in heißem Öl auslassen, Zwiebeln kurz darin anbraten. Salami würfeln, bis auf einige Scheiben, unter das Zwiebel-Dörrfleisch-Gemisch geben. Eigelbe, Sahne-Wasser mit Gewürzen verquirlen, Mehl darüber sieben und unterrühren. Die Masse zu den Kartoffeln geben, zum Schluß das Zwiebel-Salami-Gemisch unterheben. In die vorbereitete Form füllen, glattstreichen.

Im vorgeheizten Backofen bei 200° C ca. 60 Minuten backen. In der letzten halben Stunde die drei Scheiben Dörrfleisch und Salamischeiben darüber legen. Den Kuchen noch heiß servieren. Dazu paßt ein neuer Wein oder ein trockener Weißwein.

Mürbeteig/Kleingebäck

Anissspritzgebäck

überwiegend Kohlenhydrate

Rezept für 45 Stück

Zutaten:
4 Eigelbe
180 g Honig
200 g Weizenvollkornmehl
1 Teel. Anispulver
4 Eßl. Sahne-Wasser

**Variation als überwiegend eiweiß-
haltiges Gebäck:**
anstatt 4 Eigelb — 4 Eier
*anstatt Vollkornmehl — Haselnüsse,
gemahlen*
zusätzlich: 100 g Butter

Zubereitung:
Eigelbe und Honig schaumig schlagen. Mehl, Anispulver und Sahne-Wasser hinzufügen, zu einem Teig verrühren, in den Spritzbeutel mit großer Tülle füllen, auf vorbereitetem Backblech Ringe spritzen und über Nacht in einem kühlen Raum ruhen lassen, dann im vorgeheizten Backofen bei 175° C ca. 10 Minuten backen.

Zubereitungszeit: ca. 30 Minuten
(ohne Wartezeit)
Backzeit: ca. 10 Minuten

Schwäbische Ausstecherle

überwiegend Kohlenhydrate

Rezept für ca. 60 Stück

Zutaten:
250 g Butter
180 g Honig
8 Eigelbe
125 g geschälte Mandeln, gemahlen
1 Päckchen Vanillepulver
750 g Weizenvollkornmehl

Zum Bestreichen:
1 Eigelb
etwas Sahne-Wasser

Zum Belegen:
Mandelstifte oder -blättchen

Zubereitung:
Butter und Honig schaumig schlagen, nach und nach Eigelbe dazugeben, Mehl, Vanillepulver darüber sieben, mit Mandeln vorsichtig unterheben. Zugedeckt im Kühlschrank ca. 60 Minuten ruhen lassen, dann ausrollen, ausstechen und auf das vorbereitete Backblech setzen, mit verquirltem Eigelb-Sahne-Wasser bestreichen und mit Mandeln belegen, im vorgeheizten Backofen bei 160° C ca. 10–15 Minuten backen.

Zubereitungszeit: ca. 40 Minuten
(ohne Wartezeit)
Backzeit: ca. 10–15 Minuten

> **Mandeln schälen:**
> Mandeln mit heißem Wasser überbrühen, abschrecken; zwischen den Fingern gerieben läßt sich die Schale leicht abstreifen. Vor dem Mahlen gut trocknen lassen.

71

Buchweizenbrezeln

überwiegend Kohlenhydrate

Rezept für ca. 50 Stück

Zutaten:
150 g Buchweizenmehl
100 g Weizenvollkornmehl
120 g Mandeln, gemahlen
80 g Honig
4 Eßl. Wasser
1 Prise Meersalz
80 g Butter
2 Eßl. Honig (flüssig)

Zum Bestreichen:
etwas Sahne-Wasser

Zum Bestreuen:
50 g Mandeln, grob gemahlen oder
gehackt

Zubereitung:
Mehl in eine Schüssel sieben und eine Mulde hineindrücken. Mandeln, Honig, Salz, weiche Butter, flüssigen Honig mit 4 Eßl. kaltem Wasser dazugeben und zu einem Teig verkneten. Brezeln formen, auf das vorbereitete Backblech legen, mit Sahne-Wasser bestreichen und mit Mandeln bestreuen. Im vorgeheizten Backofen bei 180° C ca. 15 Minuten backen.

Zubereitungszeit: ca. 30 Minuten
Backzeit: ca. 15 Minuten

Butterplätzchen

überwiegend Kohlenhydrate

Rezept für ca. 50 Stück

Zutaten:
450 g Weizenvollkornmehl
250 g Butter
4 Eßl. Honig
1 Teel. Weinstein-Backpulver

Zum Bestreichen:
1 Eigelb

Zubereitungszeit: ca. 30 Minuten
(ohne Wartezeit)
Backzeit: ca. 10 Minuten

Zubereitung:
Butter und Honig etwa 15 Minuten cremig schlagen, Mehl, Backpulver, darüber sieben und zu einen glatten Teig kneten. Eine Rolle formen und zugedeckt ca. 1 Stunde im Kühlschrank ruhen lassen.
Dann Teigrolle in ca. 1/2 cm dicke Scheiben schneiden, auf vorbereitetes Backblech setzen, mit Eigelb bestreichen und im vorgeheizten Backofen bei 180° C ca. 10 Minuten goldbraun backen.

Butterspekulatius

überwiegend Kohlenhydrate

Rezept für ca. 30 Stück

Zutaten:
375 g Weizenvollkornmehl
350 g Butter
170 g Honig
10 g Spekulatiusgewürz
2–3 g Meersalz
1 Msp. Ammonium
6 Eßl. Sahne-Wasser
2 Eigelbe

Zum Bestreichen:
etwas Sahne-Wasser

Zubereitungszeit ca. 40 Minuten
(ohne Wartezeit)
Backzeit ca. 10–12 Minuten

Zubereitung:
Mehl, Ammonium, Salz, Spekulatiusgewürz auf die Arbeitsfläche sieben und eine Mulde hineindrücken, Honig, Eigelbe, Sahne-Wasser dazugeben.
Butterflöckchen auf den Mehlrand verteilen, mit großem Messer durchhacken und alles rasch mit kalten Händen verkneten.
Teig ca. 60 Minuten im Kühlschrank ruhen lassen.
Portionsweise in bemehlte Holzmodel drücken, überflüssigen Teig mit einem scharfen Messer abschneiden.
Figuren herausklopfen, auf das vorbereitete Backblech setzen und mit Sahne-Wasser bestreichen.
Im vorgeheizten Backofen bei 180° C 10–12 Minuten backen.

Dreispitzhütchen
Rezept für ca. 65 Stück

überwiegend Kohlenhydrate

Zutaten für den Teig:
500 g Weizenvollkornmehl
160 g Honig
4 Eigelbe
1 Prise Meersalz
1 Eßl. Arrak
300 g Butter

Zutaten für die Füllung:
75 g Mandeln, gemahlen
2 Eigelbe
75 g Honig

Zum Bestreichen:
2 Eigelbe
2 Eßl. Sahne-Wasser

Zubereitungszeit: ca. 40 Minuten
(ohne Wartezeit)
Backzeit: ca. 15 Minuten

Zubereitung des Teiges:
Mehl auf die Arbeitsfläche sieben und eine Mulde hineindrücken, Honig, Eigelbe, Salz, Arrak hinzugeben, kalte Butter auf den Mehlrand verteilen, mit einem großen Messer durchhacken und mit kalten Händen einen glatten Teig kneten. Zugedeckt 1 Stunde im Kühlschrank ruhen lassen. Danach 3 mm dick ausrollen und runde Plätzchen ausstechen, in die Mitte ½ Teel. von der Mandelmasse geben, den Rand mit Eigelb bestreichen und von drei Seiten über der Füllung zusammendrücken. Die Hütchen auf ein vorbereitetes Backblech setzen und mit der Eigelb-Sahne-Wassermischung bestreichen. Im vorgeheizten Backofen bei 180° C ca. 15 Minuten backen.

Zubereitung der Füllung:
Eigelbe und Honig schaumig schlagen, und die Mandeln vorsichtig unterheben.

Fingerkolatschen

überwiegend Kohlenhydrate

Rezept für ca. 80 Stück

Zutaten für den Teig:
140 g Mandeln, gemahlen
330 g Weizenvollkornmehl
120 g Honig
330 g Butter

Zum Füllen:
250 g Heidelbeermarmelade

Zum Bestreuen:
Puderzucker aus Rohzucker

Zubereitungszeit: ca. 50 Minuten
(ohne Wartezeit)
Backzeit: ca. 10 Minuten

Zubereitung:
Mehl auf die Arbeitsfläche sieben und
eine Mulde hineindrücken, Mandeln
und Honig hinzugeben, kalte Butterflöckchen auf den Mehlrand verteilen,
mit einem großen Messer durchhacken
und mit kalten Händen rasch zu einem
glatten Teig verkneten. Zugedeckt
2 Stunden im Kühlschrank ruhen lassen. Danach walnußgroße Kugeln formen und nicht zu dicht auf das vorbereitete Backblech setzen. Jede Kugel in
der Mitte leicht eindrücken. Auf der
mittleren Schiene im vorgeheizten
Backofen bei 180° C ca. 10 Minuten
backen. Die noch heißen Kolatschen
jeweils mit $^1/_2$ Teel. Heidelbeerkonfitüre füllen und mit Puderzucker bestreuen.

> Puderzucker aus Rohzucker!
> Die benötigte Menge in den Mixer
> geben und sehr fein mahlen.

Fingerplätzchen
überwiegend Kohlenhydrate

Rezept für 20–25 Stück

Zutaten:
500 g Weizenvollkornmehl
320 g Butter
160 g Honig
1 Prise Meersalz

Zum Bestreuen:
Rohzucker

Zubereitungszeit: ca. 30 Minuten
(ohne Wartezeit)
Backzeit: ca. 20 Minuten

Zubereitung:
Mehl auf die Arbeitsfläche sieben und eine Mulde hineindrücken, Honig, Salz hinzugeben, Butterflöckchen darüber verteilen, mit einem großen Messer alles durchhacken, dann mit kühlen Händen einen glatten Teig kneten, zugedeckt 1–2 Stunden im Kühlschrank ruhen lassen. Danach den Teig 1 1/2 cm dick ausrollen und mit einem Messer 6–8 cm lange Streifen schneiden. Die Streifen auf das vorbereitete Backblech legen und im vorgeheizten Backofen bei 180° C ca. 20 Minuten goldbraun backen. Die Streifen noch heiß in Rohzucker wälzen.

Gesundheitsplätzchen

überwiegend Kohlenhydrate

Rezept für ca. 50 Stück

Zutaten:

100 g Mandeln, gemahlen
100 g Rosinen
100 g weiche Butter
100 g Honig
3 Eigelbe
½ abger. Zitrone
1 Teel. Weinstein-Backpulver
150 g Hirseflocken

Zubereitungszeit: ca. 45 Minuten
(ohne Wartezeit)
Backzeit: ca. 15 Minuten

Zubereitung:

Rosinen waschen und trocknen. Butter mit Honig schaumig rühren. Eigelbe und Zitrone dazugeben und weiter-rühren, bis die Masse cremig ist. Mandeln und Rosinen unterheben. Hirse-flocken mit Backpulver mischen und in die Crememasse einarbeiten. Zuge-deckt 1 Stunde im Kühlschrank ruhen lassen.
Kleine Kugeln formen, etwas flach drücken und auf das vorbereitete Back-blech setzen.
Im vorgeheizten Backofen bei 180° C ca. 15 Minuten backen.

Gewürzkipferl

überwiegend Kohlenhydrate

Rezept für 75 Stück

Zutaten:
150 g Weizenvollkornmehl
200 g Dinkelmehl
100 g Mandeln, gemahlen
100 g Honig
250 g Butter
¹/₂ Teel. Zimt
je 1 Msp. Muskat, Nelken, Koriander

Zum Bestreichen:
2 Teel. Honig
30 g Mandeln, gemahlen

Zubereitungszeit: ca. 30 Minuten
(ohne Wartezeit)
Backzeit: ca. 10 Minuten

Zubereitung:
Mehl auf die Arbeitsfläche sieben und eine Mulde hineindrücken, Honig, Gewürze, Mandeln hinzugeben, kalte Butterflöckchen auf den Mehlrand verteilen. Mit dem Messer durchhacken und mit kühlen Händen rasch zu einem glatten Teig verkneten. Zugedeckt im Kühlschrank ruhen lassen. Vom Teig walnußgroße Stückchen nehmen, ca. 6 cm lange Kipferl formen und auf ein vorbereitetes Backblech legen, mit Honig bestreichen und mit Mandeln bestreuen.
Im vorgeheizten Backofen bei 180° C ca. 10 Minuten backen.

Gewürzplätzchen

überwiegend Kohlenhydrate

Rezept für ca. 60 Stück

Zutaten:
250 g Butter
250 g Honig
3 Eigelbe
200 g Mandeln, gemahlen und geschält
375 g Weizenvollkornmehl
3 Eßl. Lebkuchengewürz
¹/₂ Päckchen Weinstein-Backpulver

Zum Bestreichen:
1 Eigelb
2 Eßl. Sahne-Wasser

Zum Verzieren:
50 g Mandeln, geschält

Zubereitungszeit: ca. 30 Minuten
(ohne Wartezeit)
Backzeit: ca. 10 Minuten

Zubereitung:
Mehl, Backpulver auf die Arbeitsfläche sieben und eine Mulde hineindrücken, Honig, Eigelbe, Gewürz, Mandeln hinzugeben, Butterflöckchen auf den Mehlrand verteilen und mit einem großen Messer einen Hackteig bereiten, dann mit kalten Händen zu einem glatten Teig verkneten, zugedeckt im Kühlschrank ca. 1 Stunde ruhen lassen. Danach den Teig 5 mm dick ausrollen, ausstechen und auf das vorbereitete Backblech setzen. Mit Eigelb-Sahne-Wasser-Mischung bestreichen und mit Mandeln verzieren. Im vorgeheizten Backofen bei 180° C ca. 10 Minuten backen.

Mandeln schälen:
Mandeln mit heißem Wasser überbrühen, abschrecken; zwischen den Fingern gerieben läßt sich die Schale leicht abstreifen. Vor dem Mahlen gut trocknen lassen.

Haferflocken-Zimtsterne
überwiegend Kohlenhydrate

Rezept für ca. 50 Stück

Zutaten:
250 g feine Haferflocken
100 g Weizenvollkornmehl
160 g Honig
50 g gemahlene Mandeln
250 g Butter
4 g Zimt
2 Eigelbe

Zum Bestreichen:
2 Eigelbe

Zum Verzieren:
50 g Mandelblättchen

Zubereitung:
100 g Haferflocken leicht anrösten und abkühlen lassen. Mehl auf die Arbeitsfläche sieben und eine Mulde hineindrücken. Haferflocken, Eigelbe, Honig, Zimt hinzugeben, Butterflöckchen auf den Mehlrand verteilen und die gerösteten Haferflocken dazugeben, mit einem großen Messer einen Hackteig bereiten und rasch mit kühlen Händen den Teig verkneten. Zugedeckt ca. 1 Stunde im Kühlschrank ruhen lassen. Danach den Teig nicht zu dünn ausrollen, Sterne ausstechen und auf das vorbereitete Backblech setzen, mit Eigelb bestreichen und mit Mandelblättchen verzieren.
Im vorgeheizten Backofen bei 190° C ca. 10 Minuten backen.

Zubereitungszeit ca. 40 Minuten
(ohne Wartezeit)
Backzeit ca. 8–10 Minuten

Haferflocken rösten:
Angegebene Menge in einer Pfanne unter Rühren goldbraun rösten.

Feine Honiglebkuchen

überwiegend Kohlenhydrate

Rezept für 1 Backblech

Zutaten:
350 g Weizenvollkornmehl
1 Päckchen Weinstein-Backpulver
400 g Honig
40 g Butter
50 g Sahne
75 g Haselnüsse, gemahlen
100 g Trockenobst, eingeweicht
1 Päckchen Lebkuchengewürz
¹/₂ Teel. Delifrut
3 Eigelbe

Zum Verzieren:
geschälte Mandeln

Zubereitungszeit: ca. 30 Minuten
(ohne Wartezeit)
Backzeit: ca. 45 Minuten

Zubereitung:
Mehl, Backpulver in eine Schüssel sieben und eine Mulde hineindrücken. Honig, Butter, Sahne erhitzen, bis alles geschmolzen ist, noch heiß in die Mulde geben und mit einem Teil des Mehls gut verrühren. Eingeweichtes, trocken getupftes und kleingeschnittenes Trockenobst, Eigelbe, Gewürze und Haselnüsse unterrühren. Restliches Mehl untermischen und zugedeckt ca. 3 Stunden im Kühlschrank ruhen lassen. Dann mit Teigschaber auf vorbereitetes Backblech streichen, den Schaber dabei oft ins Wasser tauchen, mit einem Messer 7×7 cm große Quadrate markieren und mit geschälten Mandelhälften verzieren. Im vorgeheizten Backofen bei 180° C auf unterster Schiene ca. 45 Minuten backen. Herausnehmen, abkühlen lassen, Quadrate schneiden.

Mürbeteig/Kleingebäck

Honigplätzchen

Rezept für 28 Stück

überwiegend Kohlenhydrate

Zutaten:
180 g Weizenvollkornmehl
40 g Biobin
1 Teel. Weinstein-Backpulver
½ Päckchen Vanillepulver
100 g kalte Butter
80 g Honig

Zubereitungszeit: ca. 20 Minuten
(ohne Wartezeit)
Backzeit: ca. 12 Minuten

Zubereitung:
Mehl, Backpulver, Biobin, Vanillepulver in eine Schüssel sieben und eine Mulde hineindrücken. Honig hinzugeben, Butterflöckchen auf den Mehlrand verteilen und alles rasch mit den Händen zu einem glatten Teig verkneten. Zugedeckt ca. 1 Stunde im Kühlschrank ruhen lassen. Dann zwischen Frischhaltefolie nicht zu dünn ausrollen, obere Folie entfernen, ausstechen, auf vorbereitetes Backblech setzen und im vorgeheizten Backofen bei 180° C ca. 12 Minuten backen.

Lebkuchensterne

Rezept für ca. 40 Stück

überwiegend Kohlenhydrate

Zutaten:
185 g Honig
60 g Butter
250 g Weizenvollkornmehl
1 Eßl. Carobpulver
½ Teel. Anis, gemahlen
je 1 Teel. Zimt und Nelken, gemahlen
4 Eigelbe
½ Päckchen Weinstein-Backpulver

Zum Bestreichen:
1 Eigelb

Zum Belegen:
100 g Haselnüsse, ganz

Zubereitungszeit: ca. 30 Minuten
(ohne Wartezeit)
Backzeit: 15–20 Minuten

Zubereitung:
Butter und Honig erhitzen, gut umrühren und abkühlen lassen. Carob, Anis, Zimt, Nelken und ⅔ des Mehles in eine Schüssel sieben, Eigelbe und Honigmasse dazugeben und alles verrühren. Restliches Mehl mit Backpulver darüber sieben und alles gut verkneten, zugedeckt ca. 1 Stunde im Kühlschrank ruhen lassen. Dann ½ cm dick ausrollen, Sterne ausstechen und mit Eigelb bestreichen, 1 Haselnuß in die Mitte setzen und auf das vorbereitete Backblech setzen. Im vorgeheizten Backofen bei 180° C ca. 15–20 Minuten backen.

Mandelherzen

überwiegend Kohlenhydrate

Rezept für ca. 40 Stück

Zutaten:
250 g Butter
100 g Honig
2 Eigelbe
100 g ungeschälte Mandeln, gemahlen
350 g Weizenvollkornmehl

Zum Bestreichen:
1 Eigelb

Zum Verzieren:
80 Stck. Mandelhälften

Zubereitungszeit: ca. 40 Minuten
(ohne Wartezeit)
Backzeit: ca. 10 Minuten

Zubereitung:
Eigelbe, Butter, Honig schaumig schlagen, Mehl darüber sieben und mit den Mandeln vorsichtig unterheben, rasch mit den Händen zu einem glatten Teig verkneten. Zugedeckt ca. 1 Stunde im Kühlschrank ruhen lassen. Danach $^1/_2$ cm dick ausrollen, Herzen ausstechen und auf das vorbereitete Backblech setzen, mit Eigelb bestreichen und mit Mandelhälften verzieren. Im vorgeheizten Backofen bei 180° C ca. 10 Minuten backen.

Mandellebkuchen

überwiegend Kohlenhydrate

Zutaten:
4 Eigelbe
50 ml Wasser oder Rum
160 g Honig
200 g Weizenvollkornmehl
¹/₄ Teel. Weinstein-Backpulver
200 g Mandeln, gemahlen
50 g Trockenobst, eingeweicht
¹/₂ Teel. Zimt
je 1 kleine Msp. Nelken, Muskat
und Piment, jeweils gemahlen

Zum Bestreichen:
1 Eigelb

Zum Belegen:
40 Stück geschälte Mandelhälften

Zubereitungszeit: ca. 20 Minuten
(ohne Ruhezeit)
Backzeit: ca. 40 Minuten

Zubereitung:
Honig und Eigelbe schaumig rühren. Mehl und Backpulver, Gewürze darübersieben. Die in Wasser oder Rum eingeweichten, kleingeschnittenen und trocken getupften Früchte und die Mandeln hinzugeben. Mit den Händen rasch zu einem glatten Teig kneten. Zugedeckt ca. 2 Stunden im Kühlschrank ruhen lassen. Danach 1 cm dick ausrollen, auf das vorbereitete Backblech legen und mit Eigelb bestreichen. Mit den Mandelhälften belegen. Im vorgeheizten Backofen bei 180° C ca. 40 Minuten backen. Den fertigen Lebkuchen etwas abkühlen lassen und in Ecken schneiden.

> Lebkuchengewürz, Spekulatiusgewürz ist eine Mischung aus Zimt, Nelken, Piment, Kardamom u.a. Es ist im Handel fertig erhältlich.

Mandelschnitten

überwiegend Kohlenhydrate

Rezept für 1 Backblech = ca. 60 Schnitten

Zutaten für den Teig:
375 g Weizenvollkornmehl
50 g Honig
4 Eigelbe
250 g Butter

Zutaten für den Belag:
250 g Mandeln, geschält, gehackt
4 Eigelbe
180 g Honig

Zubereitungszeit: ca. 50 Minuten
(ohne Wartezeit)
Backzeit: ca. 15–20 Minuten

Zubereitung des Teiges:
Mehl auf die Arbeitsfläche sieben und eine Mulde hineindrücken, Honig, Eigelbe hinzugeben, Butterflöckchen auf den Mehlrand verteilen und mit einem großen Messer durchhacken, dann rasch mit den Händen zu einem glatten Teig verkneten. Zugedeckt ca. 1 Stunde im Kühlschrank ruhen lassen.

Zubereitung des Belages:
Eigelbe und Honig cremig rühren, Mandeln untermischen, Teig $^{1}/_{2}$ cm ausrollen, 3 × 6 cm große Rechtecke ausschneiden und auf das vorbereitete Backblech legen. Die Ei-Mandelmasse mit Spritzbeutel ohne Tülle auf die Rechtecke spritzen und mit einem Messer verstreichen. Im vorgeheizten Backofen auf mittlerer Schiene bei 180° C ca. 15–20 Minuten backen.

Mandelstreifen

überwiegend Kohlenhydrate

Rezept für 1 Backblech = ca. 50 Stück

Zutaten für den Teig:
125 g weiche Butter
1 Eigelb
80 g Honig
100 g Weizenvollkornmehl

Zutaten für den Belag:
50 g geschälte Mandeln
4 Eßl. groben Rohzucker
2 Eigelbe

Zubereitungszeit: ca. 25 Minuten
Backzeit: ca. 10 Minuten

Zubereitung des Teiges:
Die Butter mit Eigelb glattrühren.
Den Honig nach und nach dazugeben und alles schaumig schlagen. Mehl darüber sieben und vorsichtig untermischen.
Den Teig auf das vorbereitete Backblech sehr dünn verteilen (es reicht aus für das ganze Blech).

Zubereitung des Belages:
Die Mandeln schälen und der Länge nach in feine Stifte schneiden. Teig mit Eigelben bestreichen, Mandelstifte und groben Rohzucker darüberstreuen.
Im vorgeheizten Backofen bei 180° C auf mittlerer Schiene ca. 10 Minuten backen. Noch heiß in etwa 3×6 cm Streifen schneiden, auf einem Kuchengitter abkühlen lassen. Diese dünnen Kekse schmecken gut zum Tee oder Wein.

Nußecken

Rezept für ein kleines Backblech = ca. 25 Stück

überwiegend Kohlenhydrate

Zutaten für den Teig:
150 g Butter
120 g Honig
50 g Dattelmark
6 Eigelbe
400 g Weizenvollkornmehl
2 Teel. Weinstein-Backpulver
1 Päckchen Vanillepulver
1 Teel. Zimt
¹/₂ Teel. Delifrut

Zutaten für den Belag:
500 g Haselnüsse, geschält und gemahlen
80 g Butter
80 g Honig

Zubereitungszeit: ca. 50 Minuten
(ohne Wartezeit)
Backzeit: ca. 30 Minuten

Zubereitung des Teiges:
Butter, Honig und Dattelmark schaumig rühren, nach und nach die Eigelbe zugeben. Gewürze, Mehl, Backpulver darüber sieben und vorsichtig unterheben, zugedeckt ca. 1 Stunde quellen lassen.

Zubereitung des Belages:
Die Butter in einer Pfanne schmelzen und darin die geschälten Haselnüsse und den Honig eindicken lassen, bis der Honig leicht karamelisiert. Den Teig auf das vorbereitete Backblech verstreichen, Haselnüsse darauf verteilen und im vorgeheizten Backofen bei 180° C ca. 30 Minuten backen. Nach dem Erkalten in Dreiecke schneiden.

> Haselnüsse auf einem Backblech bei 200° C einige Minuten rösten, bis die Haut platzt. Die Schale ist nun leicht abzustreifen. So können die Nüsse weiter verarbeitet werden.

Nußsterne

Rezept für ca. 50 Stück

überwiegend Kohlenhydrate

Zutaten:
50 g Weizenkleie
250 g Weizenvollkornmehl
75 g Haselnüsse, gemahlen
¹/₂ Teel. Weinstein-Backpulver
4 Teel. Honig
1 Päckchen Vanillepulver
50 g Semmelbrösel
150 g Butter
2 Eigelbe
8 Eßl. Sahne-Wasser

Zubereitung:
Kleie rösten und sehr fein mahlen.
Mehl, Backpulver, Vanillepulver in
eine Schüssel sieben und eine Mulde
hineindrücken. Eigelbe, weiche Butter,
Sahne-Wasser, Honig, Semmelbrösel,
Kleie und Nüsse hineingeben und alles
zu einem glatten Teig kneten. Den Teig
ausrollen und Sterne ausstechen. Auf
das vorbereitete Backblech setzen und
im vorgeheizten Backofen bei 180° C
ca. 15 Minuten goldbraun backen.

Zubereitungszeit: ca. 30 Minuten
(ohne Wartezeit)
Backzeit: ca. 15 Minuten

Weizenkleie in einer nicht gefetteten
Pfanne einige Minuten goldbraun
rösten.

Falsche Pfeffernüsse

Rezept für 35 Stück

überwiegend Kohlenhydrate

Zutaten:
100 g Mandeln, gehackt
4 Eigelbe
160 g Honig
275 g Weizenvollkornmehl
¹/₄ Teel. Weinstein-Backpulver
¹/₂ Teel. Kardamom
1 Msp. Muskat

Zubereitung:
Eigelbe und Honig schaumig schlagen.
Mehl, Backpulver darüber sieben, Gewürze und Mandeln zugeben und zu
einem glatten Teig verkneten. Zugedeckt ca. 1 Stunde im Kühlschrank
ruhen lassen. Danach Kugeln formen,
auf das vorbereitete Backblech setzen
und im vorgeheizten Backofen bei
175° C ca. 10 Minuten backen.

Zubereitungszeit: ca. 30 Minuten
(ohne Wartezeit)
Backzeit: ca. 10 Minuten

Feines Spritzgebäck

überwiegend Kohlenhydrate

Rezept für ca. 30 Stück

Zutaten:
500 g Weizenvollkornmehl
2 Eigelbe
330 g Butter
180 g Honig
125 g Mandeln, gemahlen
1 Päckchen Vanillepulver

Zubereitungszeit: ca. 20 Minuten
Backzeit: ca. 10–15 Minuten

Zubereitung:
Butter, Honig, Eigelbe schaumig schlagen. Mehl, Vanillepulver darüber sieben, Mandeln dazugeben und alles vorsichtig unterheben. Masse in einen Spritzbeutel mit großer Tülle füllen und kleine Ringe auf das vorbereitete Backblech spritzen. Im vorgeheizten Backofen bei 160° C ca. 10–15 Minuten hellgelb backen.

Carob-Glasur:
Carobraspel im Wasserbad aufgelöst, mit Vanillepulver abgeschmeckt eignet sich gut als Glasur für Kuchen und Gebäck.

Vanillekipferl

überwiegend Kohlenhydrate

Rezept für ca. 60 Stück

Zutaten:
100 g Mandeln, gemahlen
300 g Weizenvollkornmehl
2 Eigelbe
80 g Honig
1 Prise Meersalz
1 Päckchen Vanillepulver
200 g kalte Butter

Zum Bestreuen:
100 g Puderzucker aus Rohzucker,
mit Vanillepulver würzen

Zubereitungszeit ca. 60 Minuten
(ohne Wartezeit)
Backzeit ca. 15 Minuten

Zubereitung:
Mehl auf die Arbeitsfläche sieben und eine Mulde hineindrücken. Eigelbe, Honig, Vanillepulver, Salz, Mandeln hinzugeben, kalte Butterflöckchen auf den Mehlrand verteilen und alles mit einem Messer durchhacken, mit den Händen dann rasch zu einem glatten Teig verkneten. Zugedeckt ca. 1 Stunde im Kühlschrank ruhen lassen.
Vom Teig walnußgroße Stückchen nehmen, und ca. 6 cm lange Kipferl formen, auf ein vorbereitetes Backblech legen und im vorgeheizten Backofen bei 180° C ca. 15 Minuten backen. Die warmen Kipferl im Puderzucker wälzen und auskühlen lassen.

Puderzuckerherstellung:
Geben Sie die benötigte Menge in einen Mixer zum Feinmahlen.

Kokos-Mandelmakronen

überwiegend Eiweiß

Rezept für ca. 30 Stück

Zutaten für den Teig:
4 Eiweiße
1 Prise Meersalz
1 Päckchen Vanillepulver
180 g Kokosraspel
100 g Mandeln, gestiftelt
160 g Honig (flüssig)

Zubereitungszeit: ca. 30 Minuten
Backzeit: ca. 30-40 Minuten

Zubereitung des Teiges:
Eiweiße sehr steif schlagen, Salz, Honig, Vanillepulver langsam hinzufügen und weiterschlagen, bis die Masse schnittfest ist. Kokosraspel und Mandeln locker unterheben und mit einem Teelöffel kleine Häufchen auf das vorbereitete Backblech setzen. Im vorgeheizten Backofen bei 150° C ca. 30-40 Minuten backen und sofort vom Blech nehmen.

Kokos-Marzipanmakronen

überwiegend Eiweiß

Rezept für ca. 40 Stück

Zutaten für den Teig:
300 g Kokosraspel
5 Eiweiße
90 g Honig
300 g Marzipanrohmasse
1 Tl Vanillepulver
½ Zitrone (Saft und Schale)

Zutaten für die Glasur:
100 g Carobraspel

Zubereitungszeit: ca. 40 Minuten
Backzeit: ca. 20 Minuten

Zubereitung des Biskuitteiges:
Kokosraspel zwischen den Fingern zerreiben und bei 100° C im Backofen 15 Minuten trocknen lassen (bei geöffneter Ofentüre). Eiweiße sehr steif schlagen, Marzipanmasse mit einer Gabel zerdrücken, zusammen mit Vanillepulver, Honig, Zitronenschale und Saft der halben Zitrone unter die Eiweißmasse heben, zuletzt die Kokosraspel. Mit 2 Teel. aus der Masse walnußgroße Kugeln formen und auf das vorbereitete Backblech setzen. Im vorgeheizten Backofen bei 150° C auf mittlerer Schiene ca. 20 Minuten backen. Sie sollten außen hellbraun, und innen noch weich und saftig sein.

Zubereitung der Glasur:
Carobraspel im Wasserbad auflösen und mit Vanille oder Zimt abschmecken. Die Makronen zur Hälfte eintauchen, auf einem Gitter trocknen lassen.

Marzipan-Herstellung:
250 g Mandeln überbrühen, Haut abstreifen, gut trocknen lassen, fein mahlen, mit 50 g festem Honig und 1 Eßl. Rosenwasser vermengen.

Mandel-Zimtsterne

überwiegend Eiweiß

Rezept für ca. 50 Stück

Zutaten für den Teig:
3 Eiweiße
160 g Puderzucker aus Rohzucker
2 Teel. Zimt
500 g Mandeln, gemahlen

Zubereitungszeit: ca. 40 Minuten
Backzeit: ca. 30 Minuten

Zubereitung des Teiges:
Eiweiße sehr steif schlagen, Puderzucker nach und nach unter ständigem
Rühren hinzufügen. Etwa 6 Eßl. der
Eiweißmasse zum Bestreichen beiseite
stellen. Zimt und Mandeln unter die
Masse heben und portionsweise zwischen Klarsichtfolie etwa 1 cm dick
ausrollen. Sterne ausstechen und sorg-
fältig mit der beiseite gestellten Eiweißmasse bestreichen, auf ein vorbereitetes
Backblech setzen und im vorgeheizten
Backofen bei 130° C ca. 30 Minuten
trocknen lassen.

Mürbeteig

Bienenstich
Rezept für ein Backblech

Zutaten für den Mürbeteig:
500 g Weizenvollkornmehl
250 g Butter
4 Eigelbe
360 g Honig
2 Prisen Meersalz
1 Päckchen Weinstein-Backpulver
$^1/_2$ Teel. Vanillepulver

Zutaten für den Belag:
200 g Butter
6 Eßl. Honig
300 g Mandelblättchen
12 Eßl. Sahne-Wasser

Zutaten für die Füllung:
$^1/_2$ l Sahne-Wasser, 4 Eßl. davon
zur Seite stellen
125 g Rohzucker
1 Päckchen Puddingpulver
250 g Butter

Zubereitungszeit: ca. 60 Minuten
(ohne Wartezeit)
Backzeit: ca. 25 Minuten

Zubereitung des Mürbeteiges:
Mehl mit Backpulver auf die Arbeitsfläche sieben und eine Mulde hineindrücken. Eigelbe, Vanillepulver, Honig und das Salz hineingeben, Butterflöckchen auf den Mehlrand verteilen und zu einem glatten Teig verkneten, zugedeckt 1 Stunde im Kühlschrank ruhen lassen.

Zubereitung des Belages:
Butter, Mandelblättchen, Sahne-Wasser und Honig kurz aufkochen und abkühlen lassen. Den Teig ausrollen und auf das vorbereitete Backblech legen, die Mandelmasse vorsichtig darauf verstreichen und im vorgeheizten Backofen bei 180° C ca. 25 Minuten backen. Abkühlen lassen, durchschneiden und mit Buttercreme füllen.

Zubereitung der Füllung:
Sahne-Wasser und Zucker zum Kochen bringen, die 4 Eßl. Sahne-Wasser mit dem Puddingpulver anrühren, in das kochende Sahne-Wasser gießen und mehrmals aufkochen lassen, unter öfterem Umrühren erkalten lassen. Butter schaumig rühren und die erkaltete Creme löffelweise zur Butter geben. Gleiche Temperatur ist nötig.

Broccoli-Torte

überwiegend Kohlenhydrate

Rezept für 4–6 Personen

Zutaten Mürbeteig:

250 g Weizenvollkornmehl
125 g Butter
1 Teel. Meersalz
2 Eigelbe

Zutaten Belag:

500 g Broccoli
150 g Salami
10 g Butter
1/8 l Gemüsebrühe
1/4 l Sahne
75 g Illertaler Käse, 50% Fett, gerieben
6 Eigelbe
Muskat, Basilikum
ca. 1/2 Teel. Biobin

Zubereitungszeit: ca. 40 Minuten
(ohne Wartezeit)
Backzeit: ca. 40 Minuten

Zubereitung des Mürbeteiges:

Mehl auf die Arbeitsfläche sieben und
eine Mulde hineindrücken. Eigelbe und
Salz hineingeben, Butterflöckchen auf
den Mehlrand verteilen und mit den
Händen zu einem glatten Teig verkneten, zugedeckt 1 Stunde im Kühlschrank ruhen lassen.

Zubereitung des Belages:

Broccoli waschen und in Röschen teilen, Stiele schälen, in Scheiben schneiden. Salami würfeln, mit den Broccoli-
scheiben in Butter andünsten. Gemüsebrühe, 1/8 l Sahne, 50 g Illertaler Käse
dazugeben und unter Rühren einmal
aufkochen lassen. Eigelbe mit restlicher Sahne und Biobin verquirlen,
unter die Käsesoße rühren und mit

Muskat und Basilikum würzen. Den
Teig ausrollen, in die vorbereitete
Springform legen, Salami und Brocco-
lischeiben darauf verteilen. Soße darübergießen, Broccoliröschen gleich-
mäßig darauf setzen, mit dem restlichen Käse bestreuen und im vorgeheizten Backofen auf unterster Schiene
bei 180–200° C ca. 40 Minuten backen.
Backstäbchenprobe machen, in der
Form auskühlen lassen.

Heidelbeer-Sahnetorte

überwiegend Kohlenhydrate

Rezept für 1 Springform 26 cm ⌀

Zutaten für den Mürbeteig:
80 g Butter
40 g Honig
1 Eigelb
1 Prise Meersalz
160 g Weizenvollkornmehl

Zutaten für die Füllung:
500 g Heidelbeeren
8 Blatt Gelatine
1/2 l Sahne
50 g Honig

Zum Bestreuen:
100 g Mandelblättchen

Zubereitungszeit: ca. 60 Minuten
(ohne Ruhezeit)
Backzeit: ca. 15 Minuten

Zubereitung des Mürbeteiges:
Die Butter mit dem Honig und dem Eigelb schaumig schlagen, Mehl, Salz darüber sieben und alles zu einem glatten Teig verkneten.
Zugedeckt im Kühlschrank ca. 1 Stunde ruhen lassen. Dann Teig ausrollen, in die vorbereitete Form geben und im vorgeheizten Backofen bei 200° C ca. 15 Minuten backen.

Zubereitung der Füllung:
Die Heidelbeeren waschen und gut abtropfen lasssen, evtl. mit etwas klarem Schnaps marinieren. Die Gelatine in kaltem Wasser einweichen, ausdrücken und in wenig Wasser im Wasserbad auflösen. Die Sahne mit dem Honig steif schlagen, die Gelatine und 3/4 der Heidelbeeren unterheben. Den Rand der Springform mit Backpapier o. ä. auslegen. Heidelbeersahne auf den ausgekühlten Boden geben, glattstreichen. Restliche Heidelbeeren darauf verteilen, mit Mandelblättchen bestreuen. Torte im Kühlschrank erstarren lassen.

Mürbeteig

Kürbiskuchen

überwiegend Kohlenhydrate

Rezept für eine Springform 26 cm ⌀

Zutaten für den Mürbeteig:
200 g Weizenvollkornmehl
¹/₂ Teel. Weinstein-Backpulver
3 Eßl. Butter
1 Prise Meersalz
3 Eßl. Wasser

Zutaten für die Füllung:
200 g Kürbismus
je 1 Msp. Meersalz
Muskat
Nelken
Kardamom
Koriander
2 Eßl. Honig
3 Eigelbe
2 Teel. geschmolzene Butter

Zubereitungszeit: ca. 60 Minuten
(ohne Wartezeit)
Backzeit: ca. 35 Minuten

Zubereitung des Mürbeteiges:
Mehl, Backpulver, Salz in eine Schüssel
sieben, Butterflöckchen verteilen, mit
Wasser einen glatten Teig kneten. Ausrollen und in die vorbereitete Form
geben.

Zubereitung des Kürbismuses:
Kürbis aufschneiden, Samenfleisch mit
Kernen herausholen (Kerne nicht wegwerfen), Fruchtfleisch in kleine Stücke
schneiden, abwiegen. In einem Topf
mit etwas Wasser 20 Minuten kochen,
bis das Kürbisfleisch weich ist. Durch
das Kochen schrumpft die Menge auf
die Hälfte zusammen.
Die Kürbismasse in einem Sieb abtropfen lassen, bis die Masse ganz trocken
ist. Gewürze dazugeben.

Zubereitung der Füllung:
Honig, Butter, Eigelbe schaumig rühren, Kürbismasse unterheben, alles auf
dem ausgewellten Teig verteilen, glattstreichen. Im vorgeheizten Backofen
bei 220° C ca. 35 Minuten backen.

Kürbiskern-Knabberei:
Äußere Schale entfernen, die Kerne
mit etwas Salz in einer Pfanne rösten.

Lauchtorte

überwiegend Kohlenhydrate

Rezept für eine Springform 26 cm ⌀

Zutaten für den Mürbeteig:
250 g Weizenvollkornmehl
125 g Butter
1 Teel. Meersalz
2 Eigelbe

Zutaten für den Belag:
3 Stangen Lauch
¹/₄ l Sahne
50 g Dörrfleisch
je 1 Teel. Meersalz und Biobin
¹/₄ l saure Sahne
4 Eigelbe
Basilikum
Nach Belieben mit Käse (über 50%)
überbacken

Zubereitungszeit: ca. 40 Minuten
(ohne Wartezeit)
Backzeit: ca. 35 Minuten

Zubereitung des Mürbeteiges:
Mehl auf die Arbeitsfläche sieben und
eine Mulde hineindrücken.
Eigelbe und Salz hinzugeben, Butterflöckchen auf den Mehlrand verteilen
und alles zu einem glatten Teig verarbeiten, zugedeckt ca. 1 Stunde im
Kühlschrank ruhen lassen.

Zubereitung des Belages:
Lauch putzen, waschen, in feine Streifen schneiden, mit der Sahne ohne
Deckel ca. 10 Minuten dünsten, bis die
Sahne stark eingekocht ist. Dörrfleisch
fein würfeln, mit Salz und Basilikum
zur Lauch-Sahne-Masse geben und
etwas abkühlen lassen.

Saure Sahne und Eigelbe mit Biobin
verquirlen, ebenfalls hinzufügen und
abschmecken.
Den Mürbeteig zwischen Klarsichtfolie
rund ausrollen, in die vorbereitete
Form legen, den Rand etwas hochdrücken, Lauchmasse einfüllen und im
vorgeheizten Backofen auf unterster
Schiene bei 180° C ca. 35 Minuten
backen. Den Mürbeteig kann man
auch kurz vorbacken, dann mehrmals
mit der Gabel in den ausgerollten Teig
stechen.

Mürber Mandelkuchen

überwiegend Kohlenhydrate

Rezept für ein Backblech

Zutaten für den Hefemürbeteig:
400 g Weizenvollkornmehl
200 g Butter
³/₄ Päckchen Trockenhefe
80 g Honig
4 Eigelbe
1 Prise Meersalz
50 ml Wasser

Zum Bestreichen:
2 Eigelbe

Zum Bestreuen:
200 g Mandelblätter

Zubereitung des Hefemürbeteiges:
Mehl mit Butter verkneten, bis feine Brösel entstehen. Hefe, Honig, 4 Eigelbe, Wasser und Salz zur Mehl-Fettmischung geben.
Gut verkneten, auf leicht bemehlter Arbeitsfläche 1 cm dick ausrollen und auf vorbereitetes Backblech legen. Zwei Eigelbe verquirlen, den Teig damit bestreichen und die Mandelblätter darauf verteilen, im vorgeheizten Backofen bei 200° C ca. 20 Minuten backen.

Zubereitungszeit: ca. 25 Minuten
Backzeit: ca. 20 Minuten

Nußtorte mit Kokosflocken

überwiegend Kohlenhydrate

Rezept für eine Springform 26 cm ⌀

Zutaten für den Mürbeteig:
350 g Weizenvollkornmehl
50 g Honig
1 Prise Meersalz
¹/₂ Teel. Vanillepulver
¹/₄ Teel. Zimt
120 ml Öl
6 Eßl. Wasser

Zutaten für die Füllung:
200 g Haselnüsse, grob gehackt
200 g Walnüsse, grob gehackt
120 g Kokosflocken
250 ml heißes Wasser
200 g Honig

Zum Bestreichen:
1 Eßl. Honig
1 Eßl. Wasser

Zubereitungszeit: 50 Minuten
(ohne Wartezeit)
Backzeit: ca. 30 Minuten

Zubereitung des Mürbeteiges:
Mehl in eine Schüssel sieben, Honig, Salz, Vanille, Zimt, Öl und Wasser zugeben. Einen glatten Teig kneten, Kugel formen und in Folie einschlagen, 30 Minuten in den Kühlschrank stellen.

Zubereitung der Füllung:
Die Kokosflocken mit dem heißen Wasser pürieren, durch ein Sieb drücken. Den so entstandenen Kokossud beiseite stellen. Den Honig leicht erhitzen, den Kokossud zugeben, aufkochen, die Nüsse und die ausgepreßten Kokosflocken einrühren.
Alles etwas abkühlen lassen. ³/₄ des Teiges ausrollen, in die vorbereitete Springform geben und den Rand hochziehen, die Nußfüllung darauf verteilen. Den restlichen Teig dünn ausrollen, in 2 cm Streifen schneiden, Kuchen damit gitterförmig belegen. Honig mit Wasser aufkochen, einige Minuten köcheln lassen, Gitter damit bestreichen. Im vorgeheizten Backofen bei 200° C ca. 30 Minuten backen.

Mürbeteig

Grüne Quiche

Rezept für eine Springform 26 cm ⌀

überwiegend Kohlenhydrate

Zutaten für den feinen Mürbeteig:
200 g Weizenvollkornmehl
100 g Butter
1–2 Eigelbe
¹/₂ Teel. Meersalz
3 Eßl. kaltes Wasser

Zutaten für die Füllung:
2 Bund Lauchzwiebeln
150 g Broccoli
150 g Spinat
3 Bund Kräuter: Dill, Schnittlauch,
Petersilie
6–8 Eigelbe
200 g Crème Double
150 g Käse, gerieben (etwa Cheddar)
Salz, Basilikum, Muskat
200 g Rinderschinken, roh
2 Eßl. Pinienkerne
Eiswasser

Zubereitungszeit: ca. 60 Minuten
(ohne Wartezeit)
Backzeit: ca. 40 Minuten

Zubereitung des feinen Mürbeteiges:
Mehl in eine Schüssel sieben und eine
Mulde hineindrücken, Eigelbe, Salz,
Wasser hinzugeben, Butterflöckchen
auf den Mehlrand verteilen und mit
den Händen von außen nach innen
rasch zu einem Teig kneten, zugedeckt
ca. 1 Stunde im Kühlschrank ruhen
lassen. Danach den Teig zwischen
Klarsichtfolie ausrollen und in die vorbereitete Form geben, Rand hochdrücken.

Zubereitung der Füllung:
Gemüse putzen, waschen. Lauchzwiebeln längs halbieren, Broccoli in kleine
Röschen teilen, beides in reichlich ko-
chendem Salzwasser 2 Minuten blanchieren, dann sofort in Eiswasser geben,
damit die Farbe erhalten bleibt.
Den Spinat ebenfalls blanchieren und
im Eiswasser abkühlen lassen, gut
ausdrücken und mit den Kräutern
pürieren oder fein hacken. Eigelbe,
Crème Double, Käse unterrühren, mit
Salz, Muskat, Basilikum pikant abschmecken. Schinken, Lauchzwiebeln,
Broccoliröschen auf dem Teig verteilen. Kräuter-Käse-Mischung darübergießen, mit Pinienkernen bestreuen.
Auf die unterste Stufe des vorgeheizten
Backofens stellen und bei 200° C ca.
40 Minuten backen, heiß servieren, zu
einem trockenen Weißwein oder küh-
lem Pils.

Quiche Lorraine

Rezept für eine Springform 26 cm ⌀

überwiegend Kohlenhydrate

Zutaten für den Mürbeteig:
250 g Weizenvollkornmehl
125 g Butter
2 Eigelbe
1 Teel. Meersalz
1 Msp. Weinstein-Backpulver

Zutaten für den Belag:
250 g Schinken, gewürfelt
2 Zwiebeln, gewürfelt
1 Eßl. Sonnenblumenöl
10 Scheiben Käse, 50% i.Tr. (herzhafter)
3 Eßl. Petersilie, feingewiegt
1 Becher saure Sahne
5 Eigelbe
je 1 Prise Meersalz und Basilikum

Zubereitungszeit: ca. 60 Minuten
(ohne Wartezeit)
Backzeit: ca. 40 Minuten

Zubereitung des Mürbeteiges:
Mehl und Backpulver in eine Schüssel sieben und eine Mulde hineindrücken, Eigelbe, Salz, Butterflöckchen dazugeben und rasch zu einem glatten Teig verkneten, zugedeckt im Kühlschrank ca. 1 Stunde ruhen lassen.

Zubereitung des Belages:
Zwiebeln, Schinkenwürfel in heißem Öl glasig dünsten, abkühlen lassen. Käse würfeln, Eigelbe, saure Sahne, Gewürze miteinander verquirlen, Petersilie dazugeben. Alles miteinander mischen. Teig ausrollen, in die vorbereitete Form geben, Belag darauf verteilen und im vorgeheizten Backofen bei 200° C ca. 40 Minuten backen, heiß servieren.

Mürbeteig

Schafskäsetaschen

Rezept für ca. 20 Stück

überwiegend Kohlenhydrate

Zutaten für den Mürbeteig:
250 g Weizenvollkornmehl
$1/2$ Teel. Weinstein-Backpulver
$1/2$ Teel. Meersalz
2 Eigelbe
4 Eßl. saure Sahne
125 g Butter

Zutaten für die Füllung:
1 Zwiebel
1 Knoblauchzehe
25 g Butter
1 Bund Petersilie
150 g Schafskäse
3 Eßl. saure Sahne

Zum Bestreichen:
1 Eigelb

Zubereitungszeit: ca. 60 Minuten
(ohne Wartezeit)
Backzeit: ca. 20 Minuten

Zubereitung des Mürbeteiges:
Mehl und Backpulver in eine Schüssel sieben und eine Mulde hineindrücken, Eigelbe, Salz, saure Sahne, Butterflöckchen dazugeben und rasch zu einem glatten Teig verkneten und zugedeckt im Kühlschrank ca. 1 Stunde ruhen lassen.

Zubereitung der Füllung:
Zwiebel- und Knoblauchwürfel in der Butter goldbraun andünsten, Petersilie waschen, hacken und mitdünsten. Schafskäse, saure Sahne dazugeben, abkühlen lassen.
Den Teig dünn ausrollen, Kreise von 10 cm ∅ ausstechen. Je 1 Eßl. Füllung darauf setzen. Ränder mit Eigelb bestreichen, zusammenklappen und auf ein vorbereitetes Backblech setzen. Im vorgeheizten Backofen bei 200° C ca. 20 Minuten goldbraun backen.

Spinattorte

überwiegend Kohlenhydrate

Rezept für eine Springform 28 cm ∅

Zutaten für den Mürbeteig:
300 g Weizenvollkornmehl
150 g Butter
¹/₂ Teel. Meersalz
4 Eigelbe
2–3 Eßl. Mineralwasser
1 Prise Rohzucker

Zutaten für den Belag:
600 g Blattspinat
4 Zwiebeln
30 g Butter
Salz, Muskat, Basilikum
100 g Rinderschinken, roh
200 g Frischkäse, Montana o. ä.
250 g Quark
6 Eigelbe

Zubereitungszeit: ca. 60 Minuten
(ohne Wartezeit)
Backzeit: ca. 50 Minuten

Zubereitung des Mürbeteiges:
Mehl auf die Arbeitsfläche sieben und eine Mulde hineindrücken. Eigelbe, Zucker, Salz und Mineralwasser hinzugeben, Butterflöckchen auf den Mehlrand verteilen und zu einem glatten Teig verkneten. Im Kühlschrank 1 Stunde ruhen lassen. Danach den Teig ausrollen und in die vorbereitete Form geben mit 2 cm hohem Rand.

Zubereitung des Belages:
Zwiebeln würfeln, glasig dünsten, Spinat dazugeben, 5 Minuten garen und abschmecken mit Salz, Muskat, Basilikum. Den gut abgetropften Quark mit Käse und Eigelben verrühren, mit den Gewürzen abschmecken, auf den Teig streichen, Spinat und Schinken darauf verteilen und im vorgeheizten Backofen bei 200° C auf unterster Schiene ca. 50 Minuten backen.

Mürbeteig

Buchweizennußboden

überwiegend Eiweiß

Rezept für eine Springform 28 cm ⌀

Zutaten für den Mürbeteig:
80 g Honig
6 Eier, getrennt
1 Prise Meersalz
1 Msp. Vanillepulver
100 g Buchweizenmehl
75 g Haselnüsse, gemahlen
½ Teel. Weinstein-Backpulver

Variationen:
*für jegliche Käse-, Quark-, Obst-,
Sahnetorten*

Zubereitungszeit: ca. 30 Minuten
Backzeit: ca. 30 Minuten

Zubereitung des Teiges:
Honig, Eigelbe schaumig schlagen,
Mehl, Vanillepulver, Backpulver darüber sieben und unterheben. Eiweiße
mit dem Salz steif schlagen und nach
und nach mit den Nüssen vorsichtig
untermischen, in die vorbereitete
Springform füllen und im vorgeheizten
Backofen bei 180° C ca. 30 Minuten
backen.

Käsetorte

überwiegend Eiweiß

Rezept für eine Springform 26 cm ⌀

Zutaten für den Mürbeteig:
250 g Haselnüsse, gemahlen
6 Eßl. Selterswasser
¹/₂ Eßl. Honig (flüssig)
100 g Butter
1 Eigelb

Zutaten für den Belag:
750 g Quark
4 Eßl. Honig
6 Eier, getrennt
4 Eßl. Vollkorngrieß
¹/₄ l Sahne-Wasser

Zubereitungszeit: ca. 50 Minuten
(ohne Wartezeit)
Backzeit: ca. 60 Minuten

Zubereitung des Mürbeteiges:
Butter, Eigelb, Honig schaumig rühren, Nüsse und Selterswasser unterheben, alles zu einem glatten Teig kneten. Zugedeckt im Kühlschrank 1 Stunde ruhen lassen, dann ausrollen und in die vorbereitete Springform geben.

Zubereitung des Belages:
Honig und Eigelbe schaumig schlagen, den Quark, Grieß und das Sahne-Wasser zugeben. Eiweiße steif schlagen, vorsichtig unterheben. Die Quarkmasse auf den Mürbeteig verteilen und glattstreichen im vorgeheizten Backofen bei 180° C ca. 60 Minuten backen.

Linzer Nußtorte

überwiegend Eiweiß

Rezept für eine Springform 28 cm ⌀

Zutaten für den Mürbeteig:
250 g Mandeln, gemahlen
250 g Haselnüsse, gemahlen
250 g Butter
150 g Honig
1 Ei
1 Teel. Carobpulver
1 Msp. Zimt
etwas Nelken
1–2 Eßl. Kirschwasser

Zum Füllen:
eine gute Marmelade

Zum Bestreichen:
1 Eigelb

Zubereitung des Mürbeteiges:
Butter, Honig, Ei schaumig schlagen, Carob, Zimt, Nelken und Kirschwasser hinzufügen, mit den Mandeln und Nüssen zu einem glatten Teig verkneten. Zugedeckt ca. 1 Stunde im Kühlschrank ruhen lassen. Danach $^2/_3$ des Teiges ausrollen, in die vorbereitete Form geben, den Rand etwas hochdrücken und mit Marmelade bestreichen. Den restlichen Teig ebenso ausrollen, in Streifen schneiden und gitterförmig auf die Marmelade legen. Streifen mit verquirltem Eigelb bestreichen und im vorgeheizten Backofen bei 170° C ca. 50–60 Minuten backen.

Zubereitungszeit: ca. 60 Minuten
(ohne Wartezeit)
Backzeit: ca. 50–60 Minuten

Dieser Kuchen schmeckt am besten, wenn er 3–4 Tage gut verpackt durchgezogen ist.

Mascarpone-Zimttorte

Rezept für eine Springform 28 cm ⌀

überwiegend Kohlenhydrate

Zutaten für den Boden:

120 g Vollkornmehl
60 g Butter
30 g Honig
1 Eigelb
1 Eßl. Wasser
10 g Spekulatiusgewürz
1 Prise Salz

Zutaten für die Creme:

6 Blatt Gelatine
500 g Mascarpone
500 g Magerquark
2 Eßl. Zimt
150 g Honig
250 g Schlagsahne

Zubereitungszeit: ca. 40 Minuten
(ohne Wartezeit)
Backzeit: ca. 8 Minuten

Zubereitung des Bodens:

Die Butter mit dem Honig, dem Eigelb und den Gewürzen schaumig schlagen. Dann Mehl und Wasser zugeben und zu einem Teig kneten. Den Teig ca. 1 Stunde im Kühlschrank ruhen lassen. Danach den Teig dünn ausrollen und in die Springform legen. Bei 150° C ca. 8 Minuten backen.

Zubereitung der Creme:

Gelatine in kaltem Wasser einweichen, Mascarpone, Magerquark, Zimt und Honig verrühren. Tropfnasse Gelatine bei milder Hitze auflösen und unter die Creme rühren. 200 g steife Sahne unterheben und alles auf den Spekulatiusboden verteilen. Über Nacht kalt stellen. Torte am nächsten Tag aus der Springform lösen, restliche steife Sahne auf die Oberfläche streichen oder spritzen und mit Carob oder Zimt verzieren.

Quarkteig

Würziger Gemüsekuchen

überwiegend Kohlenhydrate

Rezept für eine Springform 28 cm ⌀

Zutaten für den Quark-Ölteig:

200 g Quark
¹/₈ l Öl
¹/₂ Teel. Meersalz
4 Eßl. Sahne-Wasser
300 g Weizenvollkornmehl
2 Teel. Weinstein-Backpulver

Zutaten für den Belag:

250 g Champignons
1 Eßl. Butter
500 g Tomaten
150 g Paprika
150 g Salami
125 g Illertaler Käse, 50 i. Tr.
Salz, Basilikum

Zubereitungszeit: ca. 45 Minuten
(ohne Wartezeit)
Backzeit: ca. 30 Minuten

Zubereitung des Quark-Ölteiges:

Gut ausgedrückten Quark, Öl, Sahne-Wasser, Salz verrühren, Mehl und Backpulver darüber sieben und alles zu einem glatten Teig verkneten, ¹/₂ cm dick ausrollen und in die vorbereitete Springform geben, Teigreste zu einer Kordel drehen und als Rand auf den Boden legen, etwas andrücken.

Zubereitung des Belages:

Champignons putzen, in Scheiben schneiden, ca. 5 Minuten in Butter dünsten, den Teig abwechselnd mit Tomaten, Paprika, Salami, Champignons belegen und mit Basilikum und Salz würzen, Käse stifteln und sternförmig den Kuchen garnieren. Im vorgeheizten Backofen bei 180° C ca. 30 Minuten backen.

Heidelbeerkuchen

überwiegend Kohlenhydrate

Rezept für eine Springform 26 cm ⌀

Zutaten für den Quarkteig:
160 g Butter
180 g Honig
8 Eigelbe
1 kg Magerquark
1 Becher saure Sahne
150 g Grieß
1 kg Heidelbeeren
1 Teel. Vanillepulver

Zubereitungszeit: ca. 30 Minuten
Backzeit: ca. 50 Minuten

Zubereitung des Quarkteiges:
Butter, Honig schaumig rühren, Eigelbe nach und nach hinzufügen und schaumig schlagen. Quark, saure Sahne, Vanille und Grieß einrühren und zu einem glatten Quarkteig verarbeiten, $^2/_3$ des Teiges in die vorbereitete Form füllen. Die gewaschenen und trockenen Heidelbeeren auf dem Teig verteilen, und den restlichen Teig darauf verstreichen. Im vorgeheizten Backofen bei 200° C ca. 50 Minuten backen.

Lassen Sie den Kuchen nach dem Backen im offenen, abgeschalteten Backofen auskühlen, damit er nicht zusammenfällt.

Heidelbeer-Streuselkuchen

überwiegend Kohlenhydrate

Rezept für ein Backblech

Zutaten für den Quark-Ölteig:
200 g Quark
8 El Öl
12 El Sahne-Wasser
2 Eigelbe
80 g Honig
1 Prise Meersalz
400 g Weizenvollkornmehl
1 Päckchen Weinstein-Backpulver

Zutaten für den Belag:
1 kg Heidelbeeren

Zutaten für die Streusel:
100 g Rohzucker
200 g Butter
300 g Weizenvollkornmehl

Zubereitungszeit: ca. 45 Minuten
Backzeit: ca. 20–25 Minuten

Zubereitung des Quark-Ölteiges:
Trockenen, passierten Quark, Öl, Sahne-Wasser, Eigelbe, Honig, Salz in einer Schüssel gut verrühren, Mehl mit Backpulver darüber sieben und alles verkneten. Den Teig ausrollen und auf das vorbereitete Backblech legen.

Zubereitung des Belages:
Heidelbeeren waschen, gut abgetropft auf den Teig verteilen.

Zubereitung der Streusel:
Zucker mit Butter verrühren, Mehl darüber sieben und unterheben. Das ganze durch die Finger reiben, bis Streusel entstehen. Über die Heidelbeeren verteilen. Im vorgeheizten Backofen bei 200° C ca. 20–25 Minuten backen.

Sie können die Streusel mit Zimt oder Vanillepulver abschmecken.

Quarkteig

Pizza

überwiegend Kohlenhydrate

Rezept für ein Backblech

Zutaten für den Quarkteig:
800 g Quark
230 g Butter
4–5 Eigelbe
2 Teel. Meersalz
500 g Weizenvollkornmehl
2 Teel. Weinstein-Backpulver

Zutaten für den Belag:
200 g Rindersalami
200 g Emmentaler Käse über 50% i. Tr.
Zucchini
Tomaten
Champignons
Paprika } *je nach Geschmack*
Zwiebeln
Salz
Thymian
usw.

Zubereitungszeit: ca. 50 Minuten
Backzeit: ca. 40 Minuten

Zubereitung des Quarkteiges:
Butter, Eigelbe, Salz schaumig schlagen, Mehl und Backpulver darüber sieben, gut trockenen, passierten Quark dazugeben und vorsichtig alles zu einem Teig verkneten. Zugedeckt im Kühlschrank ca. 2 Stunden ruhen lassen. Danach auf das vorbereitete Backblech ausrollen.

Zubereitung des Belages:
Rindersalami in Scheiben schneiden, Käse reiben, Zucchini und Tomaten pürieren, einköcheln, abschmecken mit Oregano, Basilikum, Paprika, Salz, Thymian. Champignons und Zwiebeln in Scheiben, Paprika in Streifen schneiden, den Teig damit belegen und im vorgeheizten Backofen bei 180°C ca. 40 Minuten backen.

> Für Rezepte mit überwiegend Kohlenhydraten verwenden wir Käse mit über 50% Fett i. Tr.

Nußtortenboden mit Obstbelag

überwiegend Eiweiß

Rezept für eine Springform 24 cm ⌀

Zutaten für den Quarkteig:
200 g Quark
1 Ei
60 g Butter
1 Prise Meersalz
50 g Honig
175 g Haselnüsse, gemahlen

Zutaten für den Belag:
50 g Honig
saures Obst z. B. Sauerkirschen,
Pfirsiche, Johannisbeeren, Äpfel

Zubereitungszeit: ca. 30 Minuten
(ohne Wartezeit)
Backzeit: ca. 30 Minuten

Zubereitung des Quarkteiges:
Trockenen, passierten Quark, Ei, Butter, Salz, Honig vermischen, Nüsse hinzufügen und vorsichtig zu einem glatten Teig verkneten. Zugedeckt ca. 2 Stunden im Kühlschrank ruhen lassen. Danach ausrollen und in die vorbereitete Form geben. Das mit Honig gesüßte Obst darauf verteilen und im vorgeheizten Backofen bei 175° C ca. 30 Minuten backen.

Nach Dr. Walb können bei Eiweiß-Rezepten saure Früchte mit Honig gesüßt werden.

Rührteig

Bananenkuchen

Rezept für eine Kastenform

überwiegend Kohlenhydrate

Zutaten für den Rührteig:
100 g Butter
3 Eßl. Honig
4 Eigelbe
3 reife Bananen
2 Eßl. Sahne-Wasser
200 g Weizenvollkornmehl
1 Teel. Weinstein-Backpulver
1 Teel. Zimt
¼ Teel. Meersalz
30 g Carobstreusel

Zubereitungszeit: ca. 30 Minuten
Backzeit: ca. 60 Minuten

Zubereitung des Rührteiges:
Butter, Honig, Eigelbe schaumig rühren, die mit einer Gabel zerdrückten Bananen mit dem Sahne-Wasser mischen und unter die Schaummasse heben. Mehl mit Backpulver darüber sieben, mit Salz, Carobstreuseln und Zimt gut untermischen. Den Teig in die vorbereitete Kastenform füllen und im vorgeheizten Backofen bei 160–180° C 60 Minuten backen.

Blitzmandelkuchen

Rezept für ein Backblech

überwiegend Kohlenhydrate

Zutaten für den Rührteig:
1 Becher saure Sahne
100 g Honig
6 Eigelbe
300 g Weizenvollkornmehl
½ Päckchen Weinstein-Backpulver

Zutaten für den Belag:
150 g Butter
150 g Honig
1 Msp. Vanillepulver
4 Eßl. Sahne-Wasser
250 g Mandelblättchen

Zubereitungszeit: ca. 30 Minuten
Backzeit: ca. 20 Minuten
(10 Minuten vorbacken, 10 Minuten fertigbacken)

Zubereitung des Rührteiges:
Alle Zutaten zu einem Teig verrühren und auf ein vorbereitetes Backblech streichen. Im vorgeheizten Backofen bei 200° C 10 Minuten auf mittlerer Schiene vorbacken.

Zubereitung des Belages:
Butter, Honig, Vanille mit Sahne-Wasser erhitzen, einmal aufkochen lassen und die Mandelblättchen unterrühren. Alles auf den vorgebackenen Kuchen verteilen und auf der oberen Schiene bei 200° C ca. 10 Minuten fertigbacken.

Rührteig

Carobkuchen

Rezept für einen Napfkuchen

überwiegend Kohlenhydrate

Zutaten für den Rührteig:
225 g Butter
5-6 Eßl. Honig
5 Eigelbe
30 g Carobpulver
20 g Carobstreusel
³/₄ Päckchen Weinstein-Backpulver
etwas Meersalz
1 Teel. Zimt
¹/₂ Teel. Koriander
¹/₄ Teel. Nelken
¹/₄ Teel. Muskat
¹/₈ l Getreidekaffee z. B. Caro
450 g Weizenvollkornmehl

Zubereitung des Rührteiges:
Butter, Honig, Eigelbe schaumig schlagen, Mehl und Backpulver sieben, mit Carobpulver und Carobstreuseln gut vermischen. Kaffee, Mehl und die Gewürze zu der Schaummasse geben und gut unterrühren. Den gut durchgerührten Teig in die vorbereitete Backform geben und im vorgeheizten Backofen bei 220° C ca. 50 Minuten backen.

Zubereitungszeit: ca. 30 Minuten
Backzeit: ca. 50 Minuten

Cognac-Kuchen

überwiegend Kohlenhydrate

Rezept für eine Springform 28 cm ∅

Zutaten für den Rührteig:
200 g Butter
150 g Honig
200 g Weizenvollkornmehl
150 g Haselnüsse, gemahlen
150 g Carobstreusel
7 Eigelbe
1 Päckchen Weinstein-Backpulver

Zutaten für die Glasur:
⅛ l Cognac
Heidelbeermarmelade
200 g Carobstreusel

Zubereitungszeit: ca. 45 Minuten
(ohne Wartezeit)
Backzeit: ca. 60 Minuten

Zubereitung des Rührteiges:
Butter, Honig, Eigelbe schaumig schlagen, Mehl mit Backpulver sieben und mit Nüssen und Carobstreuseln unterheben. In die vorbereitete Springform füllen und bei 160° C ca. 60 Minuten im vorgeheizten Backofen backen.

Zubereitung der Glasur:
Nach dem Erkalten mit einem Holzstäbchen Löcher in den Kuchen stechen, den Cognac einträufeln, mit Heidelbeermarmelade bestreichen. Carobstreusel im Wasserbad schmelzen und auf dem Kuchen verteilen.

Dieser Kuchen schmeckt am besten, wenn er 3–4 Tage gut verpackt durchgezogen ist.

Rührteig

Gewürzkuchen

überwiegend Kohlenhydrate

Rezept für eine Springform 28 cm ⌀

Zutaten für den Rührteig:
500 g Dinkelmehl
250 g Butter
160 g Honig
7 Eigelbe
½ Teel. Vanillepulver
1 Päckchen Weinstein-Backpulver
1 Teel. Zimt
½ Teel. Nelken
1 Prise Muskat
1 Prise Meersalz
2 Eßl. Rum
50 g Carobpulver

Zubereitung des Rührteiges:
Butter, Honig und nach und nach Eigelbe schaumig schlagen, Gewürze, Rum hinzufügen, Mehl und Backpulver darüber sieben und vorsichtig unterheben, in die vorbereitete Form füllen und im vorgeheizten Backofen bei 175° C ca. 50 Minuten backen, auskühlen lassen und auf ein Gitter stürzen.

Zubereitungszeit: ca. 30 Minuten
Backzeit: ca. 50 Minuten

Haselnuß-Bananenkuchen

überwiegend Kohlenhydrate

Rezept für eine Springform 26 cm ⌀

Zutaten für den Rührteig:
8 Eigelbe
150 g Honig
250 g Haselnüsse, gemahlen
50 g Weizenvollkornmehl
1 Teel. Weinstein-Backpulver

Zum Belegen:
6-7 Bananen
50 g Mandelblätter
25 g Honig

Zubereitungszeit: ca. 30 Minuten
Backzeit: ca. 30-35 Minuten

Zubereitung des Rührteiges:
Eigelbe mit Honig schaumig rühren. Mehl und Backpulver darüber sieben und mit Nüssen vorsichtig unterheben. Teig in vorbereitete Form füllen, mit halbierten Bananen belegen und mit den Mandelblättern bestreuen. Im vorgeheizten Backofen bei 170° C ca. 30-35 Minuten backen.
Die noch heißen Bananen mit dem Honig bestreichen.

Königskuchen

Rezept für eine Springform 28 cm ∅

überwiegend Kohlenhydrate

Zutaten für den Rührteig:
7 Eigelbe
160 g Honig
500 g Weizenvollkornmehl
250 g Butter
1 Päckchen Weinstein-Backpulver
⅛ l Sahne-Wasser
100 g Rosinen
100 g Trockenobst, gemischt
3 Eßl. Rum

Zubereitungszeit: ca. 30 Minuten
(ohne Wartezeit)
Backzeit: ca. 60 Minuten

Zubereitung des Rührteiges:
Rosinen waschen, trocken tupfen, gemischtes Trockenobst in Rum ein-weichen und kleinschneiden. Butter, Honig, Eigelbe schaumig schlagen, Mehl, Backpulver darüber sieben, Sahne-Wasser, Rosinen und das Trockenobst vorsichtig unterheben. Den Teig in die vorbereitete Form füllen und im vorgeheizten Backofen bei 180° C ca. 60 Minuten backen.

Garprobe:
Gegen Ende der Backzeit stechen Sie mit einem Holzstäbchen in die Mitte des Kuchens, bleibt kein Teig daran kleben, ist er gar.

Rührteig

Liebeskuchen
Rezept für ein Backblech

überwiegend Kohlenhydrate

Zutaten für den Rührteig:
80 g Honig
8 Eigelbe
100 g Mandeln, gemahlen
200 g Haselnüsse, gemahlen
250 g Vollkorngrieß
1/2 Päckchen Weinstein-Backpulver
1/8 l Mineralwasser
2 Eßl. Rosenwasser (aus der Apotheke)
100 g Rosinen
je 1/2 Teel. Koriander, Zimt, Nelken
1 Prise Meersalz

Zutaten für die Glasur:
250 g Puderzucker (aus Rohzucker hergestellt)
2 cl Rum

Zubereitungszeit: ca. 40 Minuten
Backzeit: ca. 40 Minuten

Zubereitung des Rührteiges:
Eigelbe mit Honig schaumig schlagen. Mandeln, Haselnüsse, Gewürze, Mineralwasser, Rosenwasser hinzufügen. Den Grieß mit den Rosinen und dem Backpulver langsam unter den Teig heben. Den Teig auf das vorbereitete Backblech streichen und im vorgeheizten Backofen bei 180° C ca. 40 Minuten backen, auf dem Blech belassen und glasieren.

Zubereitung der Glasur:
Puderzucker mit Rum glattrühren und auf den Kuchen streichen, evtl. mit Rosinen oder Nüssen verzieren, noch warm in Rechtecke schneiden, ganz abkühlen lassen.

Mandel-Bananenkuchen

überwiegend Kohlenhydrate

Rezept für eine Springform 26 cm ⌀

Zutaten für den Rührteig:

125 g Butter
60–80 g Honig
5–6 Eigelbe
150 g Weizenvollkornmehl
100 g Mandeln, gemahlen
2 Teel. Weinstein-Backpulver
¹/₂ Teel. Vanillepulver
etwas Zimt oder Spekulatiusgewürz
2–3 Bananen

Zubereitungszeit: ca. 30 Minuten
Backzeit: ca. 50 Minuten

Zubereitung des Rührteiges:

Butter und Honig schaumig schlagen, nach und nach Eigelbe hinzufügen, Mehl, Backpulver, Vanillepulver, Gewürze darüber sieben, Mandeln dazugeben und alles vorsichtig unterheben. In die vorbereitete Form füllen, die in Stücke geschnittenen Bananen auf den Teig verteilen (sie sinken!) und im vorgeheizten Backofen bei 190° C ca. 50 Minuten backen und auf ein Gitter stürzen.

Rührteig

Mandelkuchen

überwiegend Kohlenhydrate

Rezept für ein Backblech

Zutaten für den Rührteig:
375 g Butter
200 g Honig
8 Eigelbe
375 g Weizenvollkornmehl
150 g Mandeln, gemahlen
2 Teel. Weinstein-Backpulver
¹/₄ Teel. Vanillepulver
1 Prise Meersalz
2 Eßl. Weinbrand

Zum Bestreuen:
Mandelstifte

Zubereitung des Rührteiges:
Butter und Honig schaumig schlagen, nach und nach Eigelbe hinzufügen, Mehl, gem. Mandeln, Backpulver, Vanillepulver und Salz darüber sieben, Weinbrand dazugeben und alles gut verrühren. Den Teig auf das vorbereitete Backblech verteilen und glattstreichen, mit Mandelstiften bestreuen und im vorgeheizten Backofen bei 175° C ca. 30 Minuten backen.

Zubereitungszeit: ca. 30 Minuten
Backzeit: ca. 30 Minuten

Nußtorte

überwiegend Kohlenhydrate

Rezept für eine Springform 28 cm ∅

Zutaten für den Rührteig:
6 Eigelbe
100 g Honig
2 Msp. Vanillepulver
320 g Haselnüsse, gemahlen
50 g Weizenvollkornmehl
1 Teel. Weinstein-Backpulver
2 Eßl. warmes Wasser

Zubereitungszeit: ca. 30 Minuten
Backzeit: ca. 40 Minuten

Zubereitung des Rührteiges:
Eigelbe mit Honig schaumig schlagen, Haselnüsse, Wasser dazugeben, Mehl,

Vanillepulver, Backpulver darüber sieben und vorsichtig alles unterheben. Den Teig in die vorbereitete Backform geben und glattstreichen. Auf mittlerer Schiene im vorgeheizten Backofen bei 180° C ca. 40 Minuten backen.

Carob-Glasur:
Carobraspel im Wasserbad aufgelöst, mit Vanillepulver abgeschmeckt, eignet sich gut als Glasur für Kuchen und Gebäck.

128

Spanischer Vanillekuchen

überwiegend Kohlenhydrate

Rezept für 2 Kastenformen

Zutaten für den Rührteig:
350 g Butter
220 g Honig
7 Eigelbe
450 g Haselnüsse, gemahlen
350 g Weizenvollkornmehl
1 Päckchen Weinstein-Backpulver
2 Teel. Vanillepulver
4 Eßl. Cognac
60 g Carobstreusel

Zubereitungszeit: ca. 30 Minuten
Backzeit: ca. 60 Minuten

Zubereitung des Rührteiges:
Butter, Honig, nach und nach Eigelbe schaumig rühren, Vanillepulver, Cognac, Nüsse und Carobstreusel dazugeben, Mehl und Backpulver darübersieben und unterheben. Den Teig in zwei vorbereitete Formen verteilen und im vorgeheizten Backofen bei 175° C ca. 60 Minuten backen.

> Dieser Kuchen schmeckt am besten, wenn er 3-4 Tage gut verpackt durchgezogen ist.

Zucchinikuchen

überwiegend Kohlenhydrate

Rezept für 1 Springform 26 cm ⌀

Zutaten für den Rührteig:
250 g Weizenvollkornmehl
125 g Sonnenblumenkerne, gemahlen
40 g Sonnenblumenöl
125 g Honig
1 Teel. Zimt
1 Teel. Vanillepulver
2 Teel. Weinstein-Backpulver
4 Eßl. Mineralwasser
300-350 g Zucchini

Zubereitungszeit: ca. 30 Minuten
Backzeit: ca. 60 Minuten

Zubereitung des Rührteiges:
Zucchini putzen, fein raspeln. Mehl und Backpulver in eine Schüssel sieben, gemahlene Sonnenblumenkerne hinzufügen, mit Honig, Öl, Vanillepulver, Zimt und Mineralwasser zu einem cremigen Teig verrühren. Zucchini in den Teig einarbeiten und in die vorbereitete Form füllen.
Im vorgeheizten Backofen auf mittlerer Schiene bei 200° C 60-70 Minuten backen, etwas ruhen lassen, bevor man ihn aus der Form nimmt.

> Zucchini zählen wie andere Gemüse auch zu den neutralen Lebensmitteln und sind für pikante sowie süße Füllungen geeignet.

Rührteig

Apfelkuchen
Rezept für eine Springform 22 cm Ø

überwiegend Eiweiß

Zutaten für den Rührteig:
100 g Butter
50 g Honig
3 Eier, getrennt
1 Msp. Vanillepulver
120 g Nüsse, gemahlen
30 g Sojamehl, entfettet
1 Prise Meersalz

Zubereitung des Rührteiges:
Butter, Eigelbe, Honig und Vanillepulver schaumig rühren. Eiweiße mit dem Salz steif schlagen und im Wechsel mit dem gesiebten Mehl und den Nüssen unter die Crememasse heben. Den Teig in die vorbereitete Springform geben.

Zutaten für den Belag:
500 g säuerl. Äpfel
Saft von 1 Zitrone
30 g Butter
80 g Walnüsse, grob gehackt
1 Msp. Zimt
75 g Honig
1 Eßl. Sahne-Wasser

Zubereitungszeit: ca. 30 Minuten
Backzeit: ca. 45 Minuten

Zubereitung des Belages:
Äpfel schälen, entkernen, achteln und kreisförmig auf die Teigmasse legen und mit Zitronensaft beträufeln. Butter und Sahne-Wasser mit den Nüssen aufkochen und abkühlen lassen, mit Zimt würzen, mit Honig süßen und über die Äpfel verteilen.
Im vorgeheizten Backofen bei 170° C ca. 45 Minuten backen.

Donauwellen

überwiegend Eiweiß

Rezept für ein Backblech

Zutaten für den Rührteig:
250 g Butter
160 g Honig
6 Eier
2 Eßl. Sahne
300 g Haselnüsse, gemahlen
100 g Sojamehl, entfettet
1 Glas Sauerkirschen
¹/₂ Päckchen Weinstein-Backpulver
1 ¹/₂ Eßl. Carobpulver
¹/₂ Teel. Vanillepulver

Zutaten für die Creme:
¹/₂ l Sahne
100 g Honig
3–4 Teel. Agar-Agar
250 g Butter

Zutaten für die Glasur:
200 g Carobstreusel

Zubereitungszeit: ca. 60 Minuten
(ohne Wartezeit)
Backzeit: ca. 30 Minuten

Zubereitung des Rührteiges:
Butter, Honig und die Eier schaumig rühren. Haselnüsse, Sojamehl, Weinstein-Backpulver sowie das Vanillepulver und die Sahne vorsichtig unterheben. Die Hälfte des Teiges auf das vorbereitete Backblech streichen, den Teigrest mit Carob mischen und auf den hellen Teig geben. Die Kirschen gut abgetropft in Reihen auf den dunklen Teig legen, leicht eindrücken und im vorgeheizten Backofen bei 190° C ca. 30 Minuten backen.

Zubereitung der Creme:
Agar-Agar mit 4 Eßl. Sahne verquirlen und zur restlichen Sahne geben, Honig hinzufügen und alles erhitzen. Unter ständigem Rühren ca. 2 Minuten kochen lassen, von der Kochstelle nehmen (Masse wird erst nach dem Erkalten fest). Butter cremig rühren. Wenn Butter und Creme die gleiche Temperatur haben, die Creme löffelweise zur Butter rühren und auf den erkalteten Kuchen streichen. Carobstreusel im Wasserbad auflösen und auf die fest gewordene Creme streichen.

Rührteig

Melonentorte

Rezept für eine Springform 26 cm ⌀

überwiegend Eiweiß

Zutaten für den Rührteig:
100 g Mandeln, gemahlen
70 g Haselnüsse, gemahlen
50 g Sojamehl, entfettet
1 Eßl. Honig
3 Eßl. Öl
8–10 Eßl. Mineralwasser
1 Teel. Weinstein-Backpulver

Zutaten für den Belag:
800 g Fruchtfleisch einer Honigmelone
100 ml Wasser
4 Eßl. Pfeilwurzelmehl
3–4 Eßl. Honig
½ Teel. Vanillepulver

Variation:
Statt Honigmelone kann man auch Kürbis verwenden.

Zubereitungszeit: ca. 60 Minuten
(ohne Wartezeit)
Backzeit: ca. 30 Minuten

Zubereitung des Rührteiges:
Sojamehl und Backpulver in eine Schüssel sieben. Mandeln, Haselnüsse, Honig, Öl und Wasser hinzugeben und alles gut verarbeiten. Teig in die vorbereitete Form geben und dabei den Rand hochdrücken. Im vorgeheizten Backofen bei 200° C ca. 15 Minuten vorbacken.

Zubereitung des Belages:
Fruchtfleisch der Honigmelone mit Wasser pürieren und aufkochen. Pfeilwurzelmehl mit wenig Wasser anrühren, ins heiße Fruchtfleischpüree einrühren, nochmals köcheln lassen, bis die Masse etwas andickt. Mit Honig und Vanille abschmecken, auf den vorgebackenen Boden geben und weitere 20 Minuten bei 200° C backen. Vor dem Anschneiden gut auskühlen lassen, damit der Belag nachdicken kann.

Möhrentorte

überwiegend Eiweiß

Rezept für eine Springform 20 cm ⌀

Zutaten für den Rührteig:

300 g Möhren
300 g Mandeln, fein gemahlen
6 Eier, getrennt
100 g Honig
1 Eßl. Kirschwasser
je 1 Teel. Zimt und Vanille
60 g Biobin oder fein gemahlenes
Buchweizenmehl
Schale einer $^1/_2$ unbehandelten Zitrone
etwas Salz

Zum Bestreichen:
flüssigen Honig

Zum Belegen:
Mandelblättchen

Zubereitungszeit: ca. 60 Minuten
Backzeit: ca. 50 Minuten

Zubereitung des Rührteiges:

Möhren putzen und fein raspeln, Eigelbe mit Honig schaumig rühren. Kirschwasser, abgeriebene Zitronenschale, Zimt, Vanille zur Schaummasse geben. Möhren, Mandeln, Biobin oder das gesiebte Buchweizenmehl untermischen.

Eiweiße mit etwas Salz sehr steif schlagen und locker unterheben, in die vorbereitete Form geben.

Im vorgeheizten Backofen bei 160° C ca. 60 Minuten backen. Danach Kuchenrand mit flüssigem Honig bestreichen und mit Mandelblättchen belegen.

Am besten mit Schlagsahne servieren.

Schnelle Pfirsichtorte

überwiegend Eiweiß

Rezept für eine Springform 24 cm ⌀

Zutaten für den Rührteig:

100 g Butter
3 Eigelbe
50 g Honig
120 g Nüsse, gemahlen
1 Teel. Weinstein-Backpulver
3 Eiweiße
1 Prise Meersalz
600 g Pfirsiche
50 g Honig
120 g Buchweizenmehl

Zubereitungszeit: ca. 40 Minuten
Backzeit: ca. 60–70 Minuten

Zubereitung des Rührteiges:

600 g Pfirsiche kurz überbrühen, Schale abziehen und entsteinen, in Viertel schneiden, mit Honig süßen. Butter, Honig, Eigelbe schaumig rühren, Nüsse zugeben, Mehl und Backpulver darüber sieben. Eiweiße mit Salz steif schlagen und vorsichtig unterheben, in die vorbereitete Springform füllen.

Die mit Honig gesüßten Pfirsiche auf dem Teig verteilen, etwas eindrücken und im vorgeheizten Backofen bei 180° C ca. 60–70 Minuten backen.

Sonstige Teige

Brottorte

Rezept für 1 Springform 26 cm ∅

überwiegend Kohlenhydrate

Zutaten:
8 Scheiben Vollkornbrot
250 g Rindersalami
200 g Dörrfleisch
2 große Zwiebeln
200 g Vollkornbaguette
⅛ l Sahne-Wasser
¼ l Dickmilch
8 Eigelbe
100 g geriebenen Illertaler Käse,
50% i. Tr.
1 Bund Schnittlauch
Basilikum

Zubereitungszeit: ca. 30 Minuten
Backzeit: ca. 60 Minuten

Zubereitung:
In die vorbereitete Form das gewürfelte Vollkornbrot verteilen. Zwiebeln und Dörrfleisch in Würfel schneiden, zusammen mit den Salamischeiben andünsten und auf das Vollkornbrot geben, dann Baguettescheiben darauflegen. Eigelbe mit dem Sahne-Wasser und der Dickmilch verquirlen und mit Basilikum würzen, darübergießen und mit geriebenem Käse bestreuen. Im vorgeheizten Backofen bei 180° C ca. 1 Stunde backen. Mit Schnittlauchröllchen anrichten.
Dazu paßt gut ein Glas Bier.

Krokantkonfekt (ohne Backen)

überwiegend Kohlenhydrate

Rezept für ca. 30 Stück

Zutaten für den Teig:
100 g Butter
100 g Honig
150 g Cornflakes oder Haferflocken
100 g Mandelblätter
200 ml Sahne

Zutaten für die Glasur:
80 g Carobraspel
½ Teel. Vanillepulver oder Zimt

Zubereitungszeit: ca. 20 Minuten

Zubereitung:
Butter, Honig in einem breiten Topf erhitzen, unter ständigem Rühren bräunen lassen. Cornflakes oder Haferflocken und Mandelblätter unterrühren. Sahne hinzufügen und einkochen lassen. Mit einem nassen Löffel auf eine Tortenplatte verteilen und erkalten lassen, mit einem scharfen Messer Ecken oder Streifen schneiden und mit einer Carobglasur bestreichen.

Zubereitung der Glasur:
Carobraspel im Wasserbad auflösen, mit Vanillepulver oder Zimt verfeinern.

Sauerrahmwaffeln

Rezept für ca. 10 Stück

überwiegend Kohlenhydrate

Zutaten:
120 g Honig
125 g Butter
2 Eigelbe
300 g Dinkelmehl
250 g Sauerrahm
$1/8$ l Wasser
2 Msp. Vanillepulver oder Anis, gemahlen

Zubereitungszeit: ca. 20 Minuten
Backzeit: ca. 3–4 Minuten

Zubereitung:
Butter, Honig, Vanillepulver und Eigelbe schaumig schlagen, Mehl darüber sieben, abwechselnd mit Sauerrahm und Wasser unterrühren. Waffe-
leisen vorheizen und einfetten.
Den Teig mit einer Schöpfkelle in das
heiße Eisen geben und backen, bis die
Waffeln goldbraun sind.
Zum Auskühlen auf ein Gitter legen.

> Waffeln schmecken am besten frisch.
> Reichen Sie Schlagsahne dazu oder
> folgende Creme:
> Dörrpflaumen einweichen, pürieren
> und mit Crème fraîche verrühren,
> mit Honig und Zimt abschmecken.

Strudel mit Nußfüllung

Rezept für 4 Personen

überwiegend Kohlenhydrate

Zutaten für den Knetteig:
500 g Weizenvollkornmehl
$\frac{1}{2}$ Teel. Meersalz
2 Eigelbe
4 Eßl. Öl
etwa $\frac{1}{4}$ l lauwarmes Wasser

Zutaten für die Füllung:
250 g Honig
$\frac{1}{8}$ l Sahne-Wasser
3 Eigelbe
350 g Haselnüsse, gemahlen
4 cl. Rum
Zimt

Zum Bestreichen:
20 g Butter

Zubereitungszeit: ca. 40 Minuten
(ohne Wartezeit)
Backzeit: ca. 40–45 Minuten

Zubereitung des Knetteiges:
Mehl auf eine Arbeitsfläche sieben und eine Mulde hineindrücken. Salz, Öl, Eigelbe und Wasser hinzugeben und zu einem Teig kneten und so lange schlagen, bis er glänzt. Den Teig mit etwas Öl bestreichen und zugedeckt etwa 1 Std. ruhen lassen.

Zubereitung der Füllung:
Honig vorsichtig erwärmen, Sahne-Wasser, Eigelbe, Rum unterrühren. Haselnüsse, Zimt untermischen und 30 Minuten erkalten lassen.
Den Strudelteig hauchdünn auf einem bemehlten Küchenhandtuch ausrollen, die Nußmischung darauf verteilen und mit Hilfe des Handtuches den Strudelteig aufrollen, die Enden zusammendrücken und auf ein vorbereitetes Backblech legen. Den Strudel mit flüssiger Butter bestreichen und im vorgeheizten Backofen bei 180° C ca. 40–45 Minuten backen.
Zwischendurch nochmals mit Butter bestreichen.

Backlexikon

A

Abkürzungen
In den Rezepten finden Sie folgende Abkürzungen:
Teel. – Teelöffel
Eßl. – Eßlöffel
Msp. – Messerspitze
g – Gramm
kg – Kilogramm
l – Liter
ml – Milliliter
cl. – Zentiliter

Abwiegen
Messen Sie stets alle benötigten Backzutaten ab. So gehen Sie sicher, daß Ihr Gebäck genau so gelingt, wie es unser Rezept vorsieht.

Agar-Agar
Ist ein Bindemittel und in Reformhäusern erhältlich.

Anis
Gewürz aus dem Mittelmeerraum, reich an ätherischen Ölen. Intensives Aroma, sparsam verwenden.

Äpfel
Für gebackene Apfelkuchen, -strudel oder -taschen eignen sich mürbe, säuerliche Äpfel, z. B. Boskop besonders gut. Sie schmecken besser und werden schnell gar. Äpfel als *Säurebildner* werden in der *Trennkost* den Eiweißmahlzeiten bzw. den *Eiweißrezepten* zugeordnet und dürfen mit Honig gesüßt werden.

Apfelkraut
ist dick eingekochter Saft frischer Äpfel ohne Zuckerzusatz. Es läßt sich als Brotaufstrich essen, ist aber auch zum Backen geeignet. Es gibt dem Backwerk einen feinsäuerlichen Geschmack und eine natürliche Süße.

Arrowroot
ist ein Stärkemehl, das aus der Marantawurzel gewonnen wird.

Austauschtabelle
Sie möchten ein herkömmliches Backrezept zu einem Trennkost-Rezept umstellen?

Backlexikon

Hier eine Tabelle anhand der Sie die Lebensmittel austauschen können:

herkömmliche Backzutat	Backzutat in der Trennkost
Kakao	Carob
Zucker	Rohzucker oder Honig
Mehl	Vollkornmehl
Margarine	Butter
Backpulver	Weinstein-Backpulver
Vanillin-Zucker	echte Vanille
Zitronat/Orangeat	Rosinen, Trockenfrüchte
Backaroma	Gewürze wie Zimt, Vanille, Anis
	Agar-Agar
	Gelatine

B

Bananen
als überwiegend zuckerhaltige Obstsorte werden Bananen in den *Kohlenhydrat-Rezepten* verarbeitet.

Backtrennpapier
spart Zeit und Arbeit. Vor allem bei Kleingebäck und Plätzchen ist die Verwendung von Backtrennpapier sinnvoll. Das Blech braucht nicht eingefettet zu werden und bleibt sauber. Das Gebäck läßt sich leicht vom Papier abheben und zerbricht nicht so leicht.

Backzeiten
Die in den Rezepten angegebenen Backzeiten sind mehrmals überprüft worden, dennoch können sich je nach Herdtyp Unterschiede ergeben. Kontrollieren Sie die angegebenen Backzeiten und passen Sie diese Ihrem eigenen Herd an: Schauen Sie während der Backzeit nach und regulieren Sie die Temperatur.

Backzutaten
Alle in den Rezepten verwendeten Zutaten sollten so natürlich wie möglich sein und aus kontrolliertem biologischen Anbau stammen. Mit natürlich ist gemeint, Lebensmittel, die nicht industriell verarbeitet oder veredelt wurden. Z.B. Vollkornmehl, das alle Bestandteile des natürlichen Kornes enthält oder Honig von einem ortsansässigen Imker, der nicht industriell so zubereitet wird, daß er nur noch wenig von seinen natürlichen Bestandteilen enthält.

Diese Lebensmittel erhalten Sie in Reformhäusern oder speziel dafür eingerichteten Bio-Höfen, die ihre Produkte selbst vermarkten. Sie sind in der Regel etwas teurer, das sollte Ihnen aber Ihre Gesundheit wert sein.

Basilikum
Aromatische Gewürzpflanze, die gut zu herzhaften Tomaten-, Pilz und Käsefüllungen paßt. In der *Trennkost* wird Basilikum gerne als Pfefferersatz genommen.

Birnen, getrocknet
werden wegen ihres Zuckergehaltes in den *Kohlenhydrat-Rezepten* verwendet. Geschmackszutat wie andere *Trockenfrüchte* (Rosinen, getrocknete Aprikosen, Pflaumen etc.). Eingeweicht können sie als Füllung oder Belag verarbeitet werden.

Biobin
ist ein pflanzliches Bindemittel aus Johannisbrotkernmehl, im Reformhaus erhältlich. Es wird sparsam verwendet und dickt sowohl heiße als auch kalte Flüssigkeiten.

Broccoli
zusammen mit anderen Gemüsesorten oder „solo" gut geeignet für herzhaften Gebäckbelag. Broccoli gilt lt. Dr. Hay als neutal und wird sowohl in *Kohlenhydrat-Rezepten* als auch in *Eiweiß-Rezepten* verwendet.

Brioches
Luftig zartes Hefeteig-Kleingebäck. Etwas aufwendig in der Herstellung, doch die Mühe lohnt sich.

Buchweizen
Er enthält Lecithin, Magnesium, Phosphor und ist reich an Lysin. Buchweizen ist außerdem glutenfrei, und daher für Glutenallergiker sehr geeignet. Er läßt sich wie Getreide verarbeiten, als Mehl gemahlen eignet er sich zu Kuchen, Torten, Plätzchen und Pfannkuchenherstellung.

D

Dattelmark
wird aus Datteln hergestellt und ist als Fertigprodukt in *Reformhäusern und Naturkostläden* erhältlich. Es wird zum Süßen und als Geschmackszutat verwendet. In der *Trennkost* wird es in *Kohlenhydrat-Rezepten* eingesetzt.

Dill
ist zum Würzen pikanter Füllungen geeignet. Paßt besonders gut zu Füllungen
mit Zucchini, Paprika, Pilzen, Quark.

E

Eier
werden in der *Trennkost* getrennt verarbeitet, d. h. in *Kohlenhydrat-Rezepten* verwenden Sie nur das *Eigelb*. Wegen seines hohen Fettgehaltes ist Eigelb ein *neutra-
les Lebensmittel. Eiweiß* hingegen enthält überwiegend Eiweiß (Protein) und wird
in den *Eiweiß-Rezepten* verarbeitet. Hier kann aber auch das ganze Ei verwendet
werden, da das Eigelb neutral ist.

Eier
In den Rezepten haben wir mittelgroße Eier von einem Gewicht von 50 g verwendet. Benutzen Sie kleinere oder größere Eier, so müssen Sie das unterschiedliche
Gewicht ausgleichen. Verarbeiten Sie mehrere für einen Teig oder Creme, so
schlagen Sie die Eier am besten nacheinander in einer Tasse auf, um den Geruch
zu prüfen und schlechte Eier wegwerfen zu können. Beim Einkauf sollten Sie darauf achten, daß Sie frische Eier nehmen, so gelingt Ihr Kuchen besser.

Eiweißgebäck
und Makronen kleben nach dem Backen nicht auf dem *Backtrennpapier*, wenn Sie
die Plätzchen mit dem Papier sofort vom Backblech heben und auf ein großes,
feuchtes Küchentuch legen.

F

Früchtebrot
schmeckt aus einer Kombination von verschiedenen *Trockenfrüchten* besonders
lecker. Fehlt Ihnen einmal eine Sorte Trockenfrüchte, so können Sie den Anteil
der anderen Früchte entsprechend erhöhen. Sie sollten darauf achten, daß die
eine Hälfte aus hellen, die andere Hälfte aus dunklen Früchten besteht. Früchtebrot bleibt lange frisch und saftig, wenn Sie es in einer Blechdose aufbewahren
oder in Alufolie verpacken.

Früchte, sauer
werden wegen ihres Fruchtsäuregehaltes in den Eiweiß-Rezepten verwendet.
Dazu zählen: Äpfel, Birnen, Pflaumen, Zitrusfrüchte, Beerenfrüchte etc.

Früchte, süß
werden wegen ihres Zuckergehaltes in den *Kohlenhydrat-Rezepten* verwendet.
Dazu zählen: Bananen, Rosinen, Trockenfrüchte (ohne Schwefel). Heidelbeeren
gelten als neutral und können ebenfalls in den Kohlenhydrat-Rezepten verwendet
werden.

G

Gebäck, rasch gebräunt
Bräunt das Gebäck während der Backdauer zu rasch, dann decken Sie es mit Pergamentpapier oder Alufolie ab. Kuchen, die Ihnen trotzdem zu dunkel geraten
sind, können Sie retten, indem Sie mit einem scharfen Messer die dunkle Oberfläche abkratzen oder dünn abschneiden und den Kuchen mit einer Carobglasur
oder einem Zuckerguß überziehen.

Gelatine
Ein Gelierstoff in Blattform oder pulverisiert. Blattgelatine weichen Sie in kaltem
Wasser ein, drücken sie nach 10 Minuten aus und geben sie entweder in die heiße
Flüssigkeit oder lösen sie im Wasserbad auf. Pulvergelatine weichen Sie in wenig
Wasser ein und lösen sie ebenfalls im heißen Wasserbad auf. Anstelle von Gelatine können Sie auch Agar-Agar verwenden.

Glasuren
bewahren Ihren Kuchen vor dem Austrocknen, sehen appetitlich aus und runden
den Geschmack des Kuchens ab.

H

Hefe
ist ein biologisches Triebmittel aus lebenden Hefezellen. In Verbindung mit Wasser, Kohlendydraten (Stärke, Zucker) und Wärme erwachen sie zum Leben und
vermehren sich. Dabei geben sie durch Atmung Gase ab, die den Teig lockern.
Im Handel wird frische Hefe angeboten, die sich einige Tage im Kühlschrank
frisch hält. Länger haltbar ist Trockenhefe, die auch einfacher zu handhaben ist.

Backlexikon

Heidelbeerkonfitüre
können Sie zum Füllen und Bestreichen von allen Kohlenhydrat-Kuchen verwenden: Kleingebäck, unter Füllungen, zum Zusammensetzen von zwei Kuchenplatten etc.

Hirse
ist ein mineralstoffhaltiges Getreide. Hirse wird auch in Flockenform angeboten, die sich wie Haferflocken verwenden lassen.

Honig
enthält Trauben- und Fruchtzucker, wertvolle Mineralstoffe, Säuren und Enzyme. Honig hat etwas weniger Kalorien als Zucker, trotzdem eine starke Süßkraft durch seinen Eigengeschmack. Zum Süßen von Gebäck und Füllungen verwenden Sie am besten geschmacksneutralen, hellen Blütenhonig. In unseren Rezepten verarbeiten wir fast ausschließlich Honig.

K

Käse
In unseren herzhaften Backrezepten haben wir vor allem würzige und pikante Käsesorten wie Appenzeller, Illertaler, Emmentaler oder Schafskäse angeführt. Natürlich können Sie, je nach Geschmacksvorliebe auch eine mildere Käsesorte verwenden. Achten Sie bei Kohlenhydrat-Rezepten darauf, daß der Käse über 50% Fett i. Tr. enthält, dann gilt er aufgrund seines hohen Fettgehalts als neutral. Für Eiweiß-Rezepte können Sie auch Käsesorten mit geringem Fettgehalt benutzen. Frischkäse eignet sich sowohl für herzhafte als auch für süße Füllungen und gibt dem Gebäck einen feinen, cremigen Geschmack.

Kardamom
geschmacksintensives Gewürz, welches vor allem für Weihnachtsgebäck verwendet wird. Kardamom eignet sich auch für Hefe- und Plundergebäck.

Kartoffeln
können aufgrund ihres Stärkegehalts in Kohlenhydrat-Rezepten verwendet werden. Sie schmecken besonders gut zu Kartoffeltorte, -kuchen oder als Kartoffelfüllung verarbeitet, sowohl süß als auch salzig.

Kümmel
Geschmacksintensives Gewürz aus dem Samen der Kümmelpflanze. Kümmel wird zum Würzen von Brot und Brötchen, sowie pikanten Füllungen verwendet. Gibt dem Gebäck einen herzhaften Geschmack.

L

Lauch
Geschmackintensives Zwiebelgewächs, das gut zu pikanten Füllungen und Belägen genommen werden kann. Sie können Zwiebeln durch Lauch ersetzen, dadurch bekommt die Füllung einen feineren Geschmack.

Lebkuchengewürz
Speziell für Lebkuchen, Honigkuchen und Weihnachtsgebäck abgestimmte Gewürzmischung, die als Fertigprodukt erhältlich ist.

Leinsamen
Samen der Flachspflanze, reich an Mineralstoffen, Schleimstoffen und hochwertigen Fetten. Aufgrund des hohen Fettgehalts werden Leinsamen zu den neutralen Lebensmitteln gezählt.

M

Magerquark
Quark wird in verschiedenen Fettstufen angeboten: Magerquark mit ca. 10% Fett i. Tr., Speisequark mit 20%, 40% und 60% Fett i. Tr. Da Quark ein gesäuertes Milchprodukt ist, gilt er als neutral und kann sowohl in Eiweißrezepten als auch in Kohlenhydrat-Rezepten verwendet werden.

Majoran
Gewürzkraut, das frisch oder getrocknet verwendet werden kann. Majoran paßt gut zu herzhaften Kartoffelfüllungen.

Mandeln
werden in unterschiedlichen Bearbeitungsstufen im Handel angeboten: ganz oder gemahlen, gestiftet, gehackt oder gehobelt. Frisch gemahlene Mandeln schmecken am besten, mahlen Sie sie in einer Nußmühle oder hacken Sie sie in der Moulinette. So sparen Sie Geld und haben besonders frische Ware.

Marzipanrohmasse
wird gerne zur Weihnachtszeit verarbeitet, doch auch vielen anderen Rezepten gibt Marzipan ein hervorragendes Aroma. Es findet als Teigzusatz, für Makronen, für Füllungen und Garnierungen Verwendung. Benutzen Sie Marzipan aus Mandeln und Honig oder Rohzucker hergestellt. Sie erhalten es in Reformhäusern oder Naturkostläden.

Meersalz, mit Jod/ohne Jod
ist ein natürliches Salz, angereichert mit Jod. Es ist überall erhältlich. Verwenden Sie Meersalz zu allen Gerichten und Gebäcken im Haushalt.

Milch
wird als Säurebildner in Eiweiß-Rezepten verwendet. Aus Milch lassen sich Cremes und Füllungen herstellen.

Milchprodukte, gesäuert
zählen zu den neutralen Lebensmitteln, weil sie durch die Säuerung bereits „vorverdaut" sind. Dazu zählen: Joghurt, saure Sahne, Schmand, Crème fraîche, Quark.

Mineralwasser
läßt sich gut als Flüssigkeitszugabe in den Backrezepten verwenden. Mineralwasser macht den Teig durch den Kohlensäuregehalt lockerer. Benutzen Sie es anstelle von Milch oder Sahne-Wasser.

Mohn
Samen der Mohnpflanze, ganz oder gemahlen erhältlich. Wird zu Füllungen oder als Teigzusatz verwendet oder zum Bestreuen von Brot und Brötchen. Frischgemahlener Mohn schmeckt am besten.

Muskat
Gewürz aus dem Samen der Muskatfrucht. Muskat wird in geriebener Form zu Gewürzkuchen, Brot und Brötchen verwendet. Herzhafte Füllungen und Beläge (z. B. Kartoffelfüllung) können mit Muskat abgeschmeckt werden.

N

Naturkostladen
Viele Lebensmittel wie z. B. Carob, Rohzucker oder Getreidesorten sind nur in Naturkostläden oder Reformhäusern erhältlich. Die dort angebotenen Produkte stammen überwiegend aus ökologischem Anbau und unterliegen strengen Schadstoffkontrollen. Für höhere Preise erhalten Sie ein qualitativ hochwertiges Produkt. Im Naturkostladen werden Sie auch beraten und informiert.

Nelken
Gewürz aus den getrockneten Knospen des Gewürznelkenbaumes. Sie werden ganz oder gemahlen angeboten. In Pulverform verlieren sie schneller ihr Aroma, daher nur kleine Mengen vorrätig halten. Nelken passen gut zu Obstfüllungen (Birnen, Pflaumen, Äpfel), Lebkuchenteigen oder Gewürzkuchen, Nelkenduft ist charakteristisch für die Weihnachtsbäckerei.

Neutrale Lebensmittel
In der Hayschen Trennkost werden die Lebensmittel in überwiegend kohlenhydrathaltige, überwiegend eiweißhaltige und neutrale Lebensmittel eingeteilt. Eiweiß- oder Kohlenhydratmahlzeiten werden mit neutralen Lebensmitteln kombiniert und ergänzt. Dazu zählen: überwiegend fetthaltige Lebensmittel wie Nüsse, Öle, Butter, Käse über 50% Fett i. Tr., gesäuerte Milchprodukte. Gemüse und Salate.

Nüsse hacken
Haselnüsse oder Mandeln lassen sich gut mit einem Blitzhacker oder einem Wiegemesser grob zerkleinern.

O

Obst
s. Früchte

Öl
wird in der Hayschen Trennkost den neutralen Lebensmitteln zugeordnet. Verarbeiten Sie hochwertige Öle wie reines Sonnenblumenöl aus erster Pressung, ungefiltert und unraffiniert. Diese Öle haben noch einen nussigen Eigengeschmack und liefern wichtige Vitamine und Mineralstoffe.

Oregano
Gewürzkraut mit aromatischem Geschmack, typisches Pizzagewürz. Mit Oregano lassen sich gut herzhafte Füllungen und Beläge mit Tomaten, Pilzen oder Käse würzen.

P

Paprikaschoten
zählen zu den Gemüsen und somit zu den neutralen Lebensmitteln. Sie lassen sich für pikante Füllungen und Beläge verwenden, z. B. Pizza, Gemüsetorten, pikantes Kleingebäck.

Pellkartoffeln
Für Kartoffelteige verarbeiten Sie Pellkartoffeln, die Sie am besten am Vortag kochen und am nächste Tag pellen und reiben. Manche Rezepte sehen warme

Pellkartoffeln vor, die Sie noch am gleichen Tag kochen und weiterverarbeiten können. Pellkartoffeln werden in Kohlenhydrat-Rezepten verarbeitet.

Petersilie

zählt zu den Küchenkräutern und läßt sich vielfältig einsetzen: für pikante Füllungen und Beläge und zum Verzieren und Garnieren fertiger Gebäcke.

Pfeilwurzelmehl

s. Arrowroot

Pflaumen, getrocknet

zählen zu den Trockenfrüchten und werden in Kohlenhydrat-Rezepten verarbeitet. Eingeweicht können sie zu Füllungen und Belägen, uneingeweicht und kleingeschnitten zu Rührkuchen und Früchtebroten verwendet werden. Pflaumen können Sie alternativ zu Rosinen benutzen.

Piment

Gewürz aus den getrockneten Beeren des Nelkenpfefferbaumes. Piment wird überwiegend in gemahlener Form verarbeitet: zu Gewürzkuchen oder in der Weihnachtsbäckerei.

Plätzchen backen

Wenn Sie beim Plätzchenbacken ein bis zwei Probeplätzchen backen, können Sie feststellen, wie weit sie noch auseinanderlaufen und so den Abstand optimal einteilen. Plätzchenrezepte lassen sich problemlos halbieren oder verdoppeln, je nach Bedarf.

Portionierung

Hier einige Richtgrößen:

1 Kuchenblech	= 24–30 Stück
1 Ring-, Kranz-, Napfkuchenform	= 12–16 Stück
1 Kastenform	= 10–15 Stück
1 Springform	= 12–16 Stück

Puderzucker, selbsthergestellt

Puderzucker aus Rohzucker ist im Handel nicht erhältlich, doch er ist sehr einfach selber herzustellen: Geben Sie die benötigte Menge Rohzucker in einen Mixer und mahlen Sie ihn fein. Jetzt kann er zum Verzieren, Bestäuben usw. verwendet werden.

Q

Quark
zählt in der Hayschen Trennkost zu den neutralen Lebensmitteln, da er ein gesäuertes Milchprodukt ist. In Teigen (z. B. Mürbeteig) verarbeitet, macht er das Gebäck besonders locker und fein. Kuchen mit Quark sind zum baldigen Verzehr bestimmt, da sie schneller austrocknen.

R

Roggenmehl
läßt sich gut zu Brot und Brötchen verarbeiten. Um Roggenmehl aufzuschließen, reicht Hefe nicht aus. Sie müssen den Teig mit Sauerteig ansetzen. Frischgemahlenes Roggenmehl schmeckt am besten. Entweder Sie mahlen das ganze Korn selber oder lassen es im Reformhaus oder Naturkostladen mahlen.

Rohzucker
ist getrockneter Pflanzensaft aus Zuckerrohr. Das Granulat wird auf schonende Weise gewonnen und nicht raffiniert. Rohzucker enthält viele Vitamine und Mineralstoffe. Andere Bezeichnungen: Zuckerrohrgranulat, Vollrohrzucker. In unseren Rezepten verarbeiten wir entweder Rohzucker oder Honig.

Rosinen
Getrocknete Weintrauben aus türkischen, kalifornischen oder australischen Anbaugebieten. Um Staub und Schmutz zu entfernen, sollten Sie Rosinen vor dem Verarbeiten waschen, anschließend trocken tupfen. Um zu verhindern, daß Rosinen in einem Rührteig nach unten sinken, wenden Sie sie vorher in Vollkornmehl. Rosinen werden in der Hayschen Trennkost aufgrund ihres Zuckergehaltes in den Kohlenhydrat-Rezepten verwendet.

Rosmarin
ist in den Mittelmeerländern beheimatet und hat ein intensives, würziges Aroma. Verwenden Sie Rosmarin sparsam, sonst schmeckt er zu stark in den Speisen hervor. Er läßt sich gut mit Thymian, Oregano, Salbei oder Basilikum kombinieren. Rosmarin macht die Speisen leichter verdaulich.

S

Sahne
wird als Schlagsahne zum Füllen und Verzieren süßer Torten verwendet. Je nach Rezept lassen sich Gewürze oder Obst, Biobin oder Agar-Agar, Rohzucker oder Honig zusetzen. Sahne eignet sich weiterhin zum Verfeinern oder Herstellen von Cremes und Füllungen und verdünnt mit Wasser (Sahne-Wasser) als Flüssigkeitszusatz zu Teigen. Sahne gilt in der Hayschen Trennkost aufgrund ihres Fettgehaltes als neutral. Sahne sollten Sie grundsätzlich kühl lagern, sonst läßt sie sich nicht schlagen. Benutzen Sie vor allem im Sommer zusätzlich ein gekühltes Gefäß. Geben Sie Rohzucker zu Beginn des Schlagens zu, damit er sich auflöst. Honig, am besten festen, erst gegen Ende zugeben, damit die Sahne nicht wieder flüssig wird.

Saure Sahne
zählt zu den neutralen Lebensmitteln, weil sie ein gesäuertes Milchprodukt ist. Saure Sahne läßt sich zum Verfeinern von Füllungen und Belägen oder als Teigzusatz verwenden.

Schnittlauch
zählt zu den Küchenkräutern und hat einen zwiebelarten Geschmack. Schnittlauch wird zum Würzen von pikanten Füllungen und Belägen und zum Garnieren verwendet.

Sechskorn-Getreidemischung
gibt es fertig gemischt im Naturkostladen oder Reformhaus zu kaufen und besteht in der Regel aus Weizen, Roggen, Hafer, Dinkel, Buchweizen und Hirse.

Semmelbrösel
werden aus getrocknetem Brot und Brötchen hergestellt. Sie werden fertig gemahlen angeboten, können aber auch selbst gemahlen werden. Benutzen Sie dazu eine Nußmühle und bevorzugen Sie Vollkornbackwaren.

Sesam
wird aus dem Samen des asiatischen Sesamkrautes gewonnen. Es kann Brot, Brötchen oder Plätzchen zugesetzt oder zum Bestreuen von Gebäck und Brot verwendet werden. Gerösteter Sesam schmeckt besonders intensiv und würzig. Kaufen Sie Sesam nur in kleinen Mengen ein, denn er wird leicht ranzig.

Sojamehl
wird im Naturkostladen oder Reformhaus in den Typen „vollfett" oder „entfettet" angeboten. Es wird aus den gelben Sojabohnen hergestellt, die dazu entbittert und gemahlen werden. Sojamehl enthält Lecithin und bindet daher das Gebäck. Es eignet sich aufgrund seines Eiweißgehaltes zur Verwendung in Eiweiß-Rezep-

ten. Sie sollten Sojamehl sparsam verwenden, denn es hat einen starken nuß-artigen Eigengeschmack. Keinesfalls ist es geeignet, um die gesamte Menge an Vollkornmehl zu ersetzen.

Sonnenblumenkerne
enthalten hochwertige Öle, Vitamine und Mineralstoffe. Sie können Brot und Brötchen sowie Kleingebäck und Plätzchen zugesetzt werden. Geröstet haben sie ein besonders intensives Aroma. Sonnenblumenkerne zählen in der Hayschen Trennkost zu den neutralen Lebensmitteln.

Spekulatiusgewürz
wird zum Würzen von Spekulatius und anderem Weihnachtsgebäck verwendet. Es besteht aus einer Mischung aus Zimt, Nelken, Kardamom und anderen Gewür-zen. Aber auch außerhalb der Weihnachtszeit läßt es sich verarbeiten. Probieren Sie unseren „Spekulatius-Mürbeteig". Kombiniert mit einer zarten Füllung schmeckt die Torte ganz hervorragend.

T

Teig aufbewahren
Mürbeteig läßt sich problemlos in mehrfacher Menge herstellen und im Kühl-schrank einige Tage aufbewahren. Nehmen Sie immer nur soviel Teig aus dem Kühlschrank, wie Sie zum Belegen eines Backblechs benötigen. Warmer Teig klebt und läßt sich daher schlecht ausrollen.

V

Vanille
sind exotische, dunkel, lederartige Schoten. Vanillemark kann als Gewürz zu süßem Gebäck und Belägen verwendet werden. Die Schote läßt sich auskochen (Milch, Sahne-Wasser, Sahne) und gibt dabei ihr Aroma ab. Hinterher wird sie entfernt. Vanillemark wird als Pulver im Reformhaus oder Naturkostladen ange-boten. Es ist nicht ganz billig, läßt sich aber sparsam verwenden.

Vanillezucker, selbsthergestellt
2 Vanilleschoten der Länge nach aufschlitzen, das Mark herauskratzen, mit 500 g Rohzucker vermischen und mit den ausgeschabten Schoten in einem gutschlie-ßenden Gefäß aufbewahren.

Vollkornmehl
Für unsere Backrezepte haben wir fast ausschließlich Vollkornmehl verwendet, da es sich um ein ursprüngliches Produkt handelt. Weizenvollkornmehl gibt es überall im Handel zu kaufen. Andere Vollkornmehlsorten können Sie im Reformhaus oder Naturkostladen frisch mahlen lassen. Verarbeiten Sie größere Mengen an Vollgetreide, lohnt sich die Anschaffung einer Getreidemühle.

Vorheizen
Stellen Sie Gebäck nie in den kalten Ofen. Empfindliche Teige wie Biskuit oder Rührteig können zusammenfallen. Heizen Sie daher 10–20 Minuten vor Backbeginn den Backofen vor.

W

Weinstein-Backpulver
ist ein natürlich gewonnenes Treibmittel aus Weinstein. Es ist im Reformhaus oder Naturkostladen erhältlich.

Weizen, ganzes Korn
wird zu Mehl oder Schrot gemahlen und zu Gebäck oder Brot verbacken. Frisch gemahlenes Korn schmeckt besser.

Weizenkleie
können Sie im Reformhaus oder Naturkostladen kaufen oder vom Vollkornmehl absieben.

Z

Zimt
ist ein Gewürz aus der Rinde des Zimtbaumes und wird gemahlen oder als Zimtstangen im Handel angeboten. Zimt läßt sich wie Vanille in süßem Gebäck oder Belägen verwenden. Bewahren Sie Zimt in gutschließenden Gefäßen auf, damit er nicht sein Aroma verliert.

Zucker
Wir verwenden in unseren Rezepten keinen weißen Haushaltszucker, sondern Rohzucker oder Honig, als natürliches Süßungsmittel.

Zucchini
zählen wie andere Gemüse auch zu den neutralen Lebensmitteln. Sie lassen sich zu pikanten Füllungen und Belägen verarbeiten.

Rezeptregister

Rezept	KH	E	Teigart	Seite
Anisspritzgebäck	×		Mürbeteig, Kleingebäck	71
Apfelkuchen		×	Rührteig	130
Ausstecherle (schwäbisch)	×		Mürbeteig, Kleingebäck	71
Baguette	×		Hefeteig	33
Bananen-Nußbrot (süßes)	×		Rührteig	40
Bananenkuchen	×		Rührteig	121
Bananen-Quarkkuchen	×		Hefeteig	55
Bienenstich	×		Mürbeteig	95
Blitzmandelkuchen	×		Rührteig	121
Brandteig mit Käse	×		Brandteig	29
Brandteig, süß	×		Brandteig	30
Brioches (feine)	×		Hefeteig	56
Brioches (schnelle)	×		Hefeteig	57
Broccoli-Torte	×		Mürbeteig	96
Brottorte	×		sonstige	137
Buchweizenbrezeln	×		Mürbeteig, Kleingebäck	72
Buchweizennußboden		×	Mürbeteig	106
Buttermilchbrötchen	×		Hefeteig	45
Butterplätzchen	×		Mürbeteig, Kleingebäck	72
Butterspekulatius	×		Mürbeteig, Kleingebäck	73
Carobkuchen	×		Rührteig	122
Cognac-Kuchen	×		Rührteig	123
Dörrfleisch-Kartoffeltorte	×		Kartoffelteig	65
Donauwellen		×	Rührteig	131
Dreispitzhütchen	×		Mürbeteig, Kleingebäck	74
Fingerkolatschen	×		Mürbeteig, Kleingebäck	75
Fingerplätzchen	×		Mürbeteig, Kleingebäck	76
Fladenbrot	×		Hefeteig	34
Flammkuchen (Straßburger)	×		Hefeteig	58
Gemüsekuchen (würziger)	×		Quark-Ölteig	113
Gesundheitsplätzchen	×		Mürbeteig, Kleingebäck	77
Gewürzbrot	×		Hefeteig	35
Gewürzkipferl	×		Mürbeteig, Kleingebäck	78
Gewürzkuchen	×		Rührteig	124
Gewürzplätzchen	×		Mürbeteig, Kleingebäck	79
Gluten- und lactosefreies Brot	×		Hefeteig	36
Haferflockenbrot	×		Hefeteig	37
Haferflockenbrötchen	×		Hefeteig	46
Haferflocken-Zimtsterne	×		Mürbeteig, Kleingebäck	80
Haselnuß-Bananenkuchen	×		Rührteig	124
Haselnuß-Kartoffelkuchen	×		Kartoffelteig	66
Haselnußtorte		×	Biskuitteig	15
Haselnuß-Zweifruchttorte		×	Biskuitteig	16
Heidelbeer-Kartoffelhörnchen	×		Kartoffelteig	66
Heidelbeerkuchen	×		Quarkteig	114

Rezept	KH	E	Teigart	Seite
Heidelbeer-Sahnetorte	×		Mürbeteig	97
Heidelbeer-Streuselkuchen	×		Quarkteig	115
Heidelbeertorte (Homberger)	×		Blätterteig	25
Honiglebkuchen (fein)	×		Mürbeteig, Kleingebäck	81
Honigplätzchen	×		Mürbeteig, Kleingebäck	82
Hüttenbrötchen	×		Hefe-Kartoffelteig	47
Hutzenbrot	×		Hefeteig	37
Käsetorte		×	Mürbeteig	107
Kaffeecremetorte		×	Biskuit	17
Knoblauch-Brötchen	×		Hefe-Kartoffelteig	48
Königskuchen	×		Rührteig	125
Kokos-Mandelmakronen		×	Mürbeteig, Kleingebäck	90
Kokos-Marzipanmakronen		×	Mürbeteig, Kleingebäck	91
Krokantkonfekt (ohne Backen)	×		sonstige	137
Kürbiskuchen	×		Mürbeteig	98
Lauchtorte	×		Mürbeteig	99
Lebkuchensterne	×		Mürbeteig, Kleingebäck	82
Liebeskuchen	×		Rührteig	126
Linzer Nußtorte		×	Mürbeteig	108
Mandel-Bananenkuchen	×		Rührteig	127
Mandelherzen	×		Mürbeteig, Kleingebäck	83
Mandel-Kartoffelkuchen	×		Kartoffelteig	67
Mandelkuchen	×		Rührteig	128
Mandelkuchen (mürber)	×		Mürber Hefeteig	100
Mandellebkuchen	×		Mürbeteig, Kleingebäck	84
Mandelschnitten	×		Mürbeteig, Kleingebäck	85
Mandelstreifen	×		Mürbeteig, Kleingebäck	86
Mandel-Zimtsterne		×	Mürbeteig, Kleingebäck	92
Mascarpone-Rolle		×	Biskuit	18
Mascarpone-Zimttorte	×		Mürbeteig	109
Melonentorte		×	Rührteig	132
Möhrentorte		×	Rührteig	133
Mohnbrötchen	×		Hefeteig	49
Nußbiskuitrolle		×	Biskuit	19
Nußbiskuit mit Sauerkirschen		×	Biskuit	20
Nußecken	×		Mürbeteig, Kleingebäck	87
Nußsterne	×		Mürbeteig, Kleingebäck	88
Nußtorte	×		Rührteig	128
Nußtortenboden		×	Quarkteig	117
Nußtorte mit Kokosflocken	×		Mürbeteig	101
Pfeffernüsse (falsche)	×		Mürbeteig, Kleingebäck	88
Pfirsichtorte (schnelle)		×	Rührteig	134
Piroggen mit Zwiebelfüllung	×		Hefeteig	59
Pizza	×		Quarkteig	116
Quiche (grüne)	×		Mürbeteig	102

Rezept	KH	E	Teigart	Seite
Quiche Lorraine	×		Mürbeteig	103
Ringbrot	×		Hefeteig	38
Roggenbrötchen	×		Hefeteig	50
Sahneblätterteig mit Füllung	×		Blätterteig	26
Salami-Kartoffelkuchen	×		Kartoffelteig	68
Salzbrezeln	×		Hefeteig	51
Sauerrahmwaffeln	×		sonstige	138
Schafskäsetaschen	×		Mürbeteig	104
Schwarzwälder Kirschtorte		×	Mürbeteig/Biskuit	21
Sechskornbrot	×		Hefeteig	39
Speckkuchen (fränkisch)	×		Hefeteig	60
Spinattorte	×		Mürbeteig	105
Spritzgebäck (feines)	×		Mürbeteig, Kleingebäck	89
Stollen (würziger)	×		Hefeteig	61
Strudel mit Nußfüllung	×		sonstige	139
Teekekse (englische)	×		Hefeteig	62
Vanillekipferl	×		Mürbeteig, Kleingebäck	90
Vanillekuchen (spanisch)	×		Rührteig	129
Vollkornbrötchen	×		Hefeteig	52
Vollkornbrot	×		Sauerteig	41
Weizenkeimbrot	×		Hefeteig	42
Weizenvollkornbrot	×		Hefeteig	42
Zucchinikuchen	×		Rührteig	129

Verwendete Abkürzungen:
KH = Kohlenhydrate
E   = Eiweiß

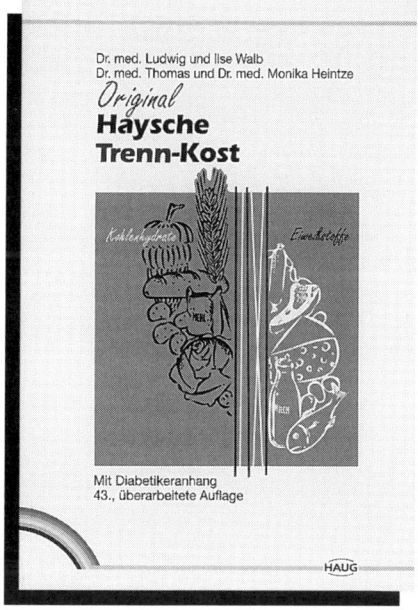